短视频文案

创意策划
写作技巧
和视觉优化

王小亦　著

U0319643

 化学工业出版社

·北京·

内 容 简 介

　　没有文案的短视频是没有灵魂的。本书紧紧围绕短视频文案的创作展开，手把手地教读者如何写出爆款文案。全书分为10章，第1章总体阐述文案与短视频的关系，文案对短视频的重要性，帮助读者从理论层面建立对短视频文案的认识；第2章介绍了优秀短视频文案的5大特点，以指导读者把握判断优秀文案的思路；从第3章开始具体阐述爆款文案的构思思路、策划方法和写作技巧等，具体内容包括策划文案选题、拟写新颖标题、脚本创作、短视频文案标签化、段子式文案、文案排版和视觉优化、文案品牌塑造、文案与营销挂钩等的写作方法与技巧。通过对本书的学习，读者既可以从总体上认识到文案在短视频中的重要性，又能从细节处学会文案创作实战，大大提高文案的转化率，实现从创作到变现的飞跃。

　　本书旨在帮助短视频运营人员、创业人员和关注短视频的人员快速提高文案创作能力，全方位打造超高点击量和吸引人的短视频。

图书在版编目（CIP）数据

　　短视频文案：创意策划、写作技巧和视觉优化／王小亦著. —北京：化学工业出版社，2021.10（2023.4重印）
　　ISBN 978-7-122-39652-5

　　Ⅰ. ①短… Ⅱ. ①王… Ⅲ. ①网络营销－营销策划
Ⅳ. ①F713.365.2

　　中国版本图书馆 CIP 数据核字（2021）第 152815 号

责任编辑：卢萌萌	文字编辑：李　曦	美术编辑：王晓宇
责任校对：王　静	装帧设计：水长流文化	

出版发行：化学工业出版社（北京市东城区青年湖南街 13 号　邮政编码 100011）
印　　装：北京瑞禾彩色印刷有限公司
710mm×1000mm　1/16　印张 10　字数 152 千字　2023 年 4 月北京第 1 版第 4 次印刷

购书咨询：010-64518888　　　　　　　　　　　售后服务：010-64518899
网　　址：http://www.cip.com.cn
凡购买本书，如有缺损质量问题，本社销售中心负责调换。

定　　价：59.00 元

前言

随着抖音、快手、B站、西瓜视频、火山视频、微信视频号等的兴起，短视频已经成为企业营销的必备手段。

经过几年的快速发展，短视频很快席卷了人们的生活，成为人们发现世界、探寻美好生活的平台；同时也成为互联网第三大流量入口，为品牌形象的建立和内容传播提供了新的介质。快速、简洁、生动、轻量、精准社交化成为短视频营销的优势。由此可见，短视频营销具有非常大的潜力。

然而，当提到短视频时，大多数人想到的是如何去拍摄。殊不知忽略了一个重要的因素——文案。一篇绝妙的文案足以把短视频推上热门，纵观那些好的短视频之所以成为爆款，大多是因为其配有好的文案，好的短视频离不开文案的助推。想要拍摄出优质的短视频，那么短视频文案是必不可少的。

本书重在介绍如何快速撰写短视频文案，包括主题构思、大纲策划、脚本创作、写作方法与技巧等。全书分为10章，第1章总体阐述文案与短视频的关系，短视频文案的定义，以及文案对短视频的重要性，使读者从理论层面建立起对短视频文案的认识；第2章介绍了优秀短视频文案的特点，以指导读者把握判断优秀文案的思路；从第3章开始阐述短视频文案具体的构思思路、策划方法、写作技巧等，第3章主要阐述文案选题的构思与策划；第4章主要阐述文案标题的拟写与创作；第5章主要阐述脚本文案策划与创作；第6章主要阐述文案添加标签的技巧；第7章主要阐述段子式文案创作技巧；第8章主要阐述文案的版式设计与视觉优化技巧；第9章主要阐述提高文案转化率，与商业接轨，实现变现的技巧；

第10章主要阐述文案如何快速与营销挂钩。

本书着眼于文案创作，突出内容创作的重要性。短视频营销的发展劲头势不可当，相关图书层出不穷，但陷入了严重的同质化泥潭，基本围绕拍摄技法、录制特效、流量变现来写，以技术流为主。

书中的案例大部分选自快手、抖音及其他短视频平台上的热门视频或网红主播，极具典型性、代表性。涵盖了与读者日常生活、学习息息相关的各个行业。同时，每个案例不会像其他书一样仅作机械性罗列，而是与具体内容完美结合，更有针对性。

本书不仅有基本理论介绍，也有具体方法技巧总结，同时在行文上坚持图文并茂，利于读者阅读，便于读者用最短的时间学习书中内容。

限于笔者水平及时间，书中难免有疏漏及不足之处，敬请广大读者批评指正。

目录

第 3 章

策划独特选题：
有了选题，文案才不会跑偏

第 **4** 章
拟写标题文案：
好标题能第一时间吸引注意力

第5章

撰写脚本：让短视频镜头会"说话"

第6章

内容标签化：
越个性，越容易引发粉丝关注

第 7 章
语言简洁化：
像段子手那样打造文案语言

第 8 章
文案视觉化：
掌握排版要点，让文案更"养眼"

第 **9** 章

与商业接轨：
短视频文案不是玩文字游戏，而是要变现

第 **10** 章

文案营销力：
以营销为中心，提高文案推广力

第 **1** 章

短视频媒体时代：
文字创作者的黄金时代

　　媒体大致经历了纸质媒体时代、音频媒体时代和视频媒体时代。其中，视频媒体时代又包括长视频媒体时代和短视频媒体时代，短视频是从视频内容中延伸出来的一个细分，并且因特殊的呈现形式、巨大的引流能力，获得了大众的认可和青睐。每个媒体时代都少不了文字创作者的身影，而短视频媒体时代更是文字创作者的黄金时代。

1.1 视频再好也需文案衬托

很多人认为,短视频最为关键的是视频的拍摄技法,而不是文案创作。其实不然,如果视频是"红花",那么文案就是"绿叶"。常看短视频的人都知道,一个视频如果没有文案,很难成为爆款。

爆款短视频往往都有好的文案衬托,一个精彩的视频文案,往往能轻松地把视频送上热门。

案例 1

图1-1所示是一个非常普通的学生上课画面。视频里,孩子们在埋头认真学习。然而,这个视频却非常火,点赞、评论、转载各项指标都非常不错,原因就在于其文案。

文案是这样的:

"现在我也端起了保温杯,戴上了扩音器,拿起了红笔,作业本变备课本,走出了我的青春,却也走进了他们的青春。"

很明显,这是一个歌颂教师的文案,让人看后不禁产生共鸣,回忆起自己学生时代的青春岁月,而且由于上升到讴功颂德的高度,还会让人产生一种敬佩之情。尤其是"走出了我的青春,却也走进了他们的青春"这句话立马升华了主题:我终于拿过教师的接力棒,继续在教育事业上奉献青春。

图1-1 案例视频画面截图

这样的文案直击心灵，极易引起共鸣，点赞量达38万就不足为奇了。文案在整个短视频中起到画龙点睛的作用。而且从信息传播的角度看，识别度更高，与画面信息形成一种互补，更有利于观看。

1.2 什么是短视频文案

文案原指放书的桌子，后来指在桌子上写字的人，现在指公司或企业中从事文字工作的职位也是指以文字的形式，来表现已制订创意的策略。在短视频中，泛指出现在短视频中的所有文字，包括账号简介、视频标题、脚本文案、主播话术等。

总结一下，短视频文案就是指出于表现短视频创意目的，向目标受众传递特定信息的文字。为了更明晰地了解这个概念，下面来看一个案例。

案例 2

图1-2是微信视频号上的"樊登读书会"，该账号简介为"读书点亮生活"，其中"读书点亮生活"就是一个文案，简明扼要地点明账号定位，让粉丝一看就知道账号的视频内容一定与读书有关。

除此之外，文案还包括视频标题、封面文字等，如图1-3所示。

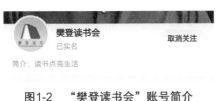

图1-2 "樊登读书会"账号简介

图1-3 "樊登读书会"中一条与
职场有关的视频文案

另外，文案也包括主播在直播中所说的话术，对此，先来看一个案例。

案例 3

　　李佳琦是一位直播带货达人，根据大数据统计，2020年他共销售出去1568万件商品，成交金额高达14.4亿元。爆棚的销售业绩背后，特色的推销语言功不可没，这些语言可谓是绝妙的文案。

　　李佳琦被称为"文案鬼才"，他的很多话成为直播金句。比如，他在推销产品时，从不简单粗暴地描述，而是会用生动形象、简单易懂的语言娓娓道来。描述口红的颜色时，他就有上百种说法：

　　天不怕地不怕的颜色；苹果红，有生命力；对黄皮友好一点；忘记前任的一个颜色；有点像用宣纸抿出来的颜色，像血浆色；穿风衣的时候，一定要有这种颜色；显白到爆炸，等等。

　　一次，他在推销一支唇釉时就用了这样的文案：

　　全唇港风的感觉；穿风衣的时候，一定要有这种颜色；秋冬天你用这个颜色，你就炸了；穿着白纱裙在海边漫步的女生，非常干净的感觉；我从来没有感受过这么这么这么薄的唇釉，薄到没朋友；一接触到你的嘴巴，就变成了水；充满了阳光的伊甸园，很有度假的味道；下过小雨的森林里的味道。

　　简短的话再配上夸张的语气，十分有带入感。同时他还善于营造场景，用文案描述一个使用场景，将观众带入一种或高端、或浪漫、或时尚的场景中。

　　值得注意的是，由于短视频主要靠音频来传递信息，不同于以往的文字、图片等媒体形式，所以主播说的每句话都被纳入文案的范畴，就像李佳琦所做的直播，很多话都具有文案力（基于表达力、说服力、感动力之上的文案创作技法），对产品销售有强有力的带动作用。

1.3　短视频文案的重要性

　　短视频不仅需要文案，而且需要优质的文案。随着抖音、西瓜、快手等平台的崛起，大量爆款短视频出现，播放量、点赞量上百万，甚至上千万的也比比皆是。有人将此归功于视频的拍摄手法、剪辑技巧等，也有人将其归功于演员的演技。其实，大多数人都忽略了重要的影响元素——文案。

爆款短视频之所以会"爆"，不可否认，拍摄手法、剪辑技巧、内容呈现、演员演技等，这些确实很重要，但一定不能忽视文案。正是由于有了好的文案，视频才有表现力，才能在第一时间抓住粉丝的兴趣点，进而产生互动。

文案对短视频非常重要，主要体现在两个方面。

（1）文案是短视频不可缺少的组成部分

文案对于短视频就像调味品对于美味佳肴，如果没有调味品，再厉害的大厨也很难做出色香味俱全的大餐。一则爆款短视频通常由5个部分组成，如图1-4所示，文案是不可缺少的组成部分。

图1-4 爆款短视频的5个组成部分

要想做出爆款短视频，每个部分都必须做到极致，让每个部分都可能成为一个爆点。其中，文案就是一个爆点，做好了就足以引爆整个视频。退一步讲，即使视频拍摄、剪辑等部分有所欠缺，如果文案走心，同样可以引起粉丝共鸣。

视频出彩，好的文案能起到锦上添花的作用；视频不出彩，好的文案能扭转乾坤。

（2）文案对视频被推荐有重大影响

被平台推荐，是保证短视频在信息洪流中脱颖而出、获取播放量的主要方式。那么，平台根据什么决定是否推荐你的视频呢？那就是算法，算法是一个视频能否被推荐、推荐概率有多大的唯一依据。在今日头条、企鹅、抖音等这些主流短视频平台中都有各自的推荐算法。

算法与文案有着非常紧密的关系，要了解这层关系就需要先了解一下平台算法的基本流程，如图1-5所示。

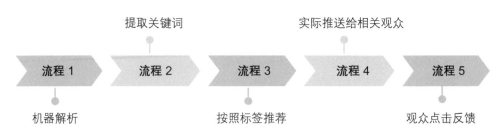

图1-5 平台推荐算法的基本流程

从图1-5中可以看出，所谓的平台推荐算法，其实就是通过机器解析视频中的关键信息，然后再提取出来，形成标签的算法。这个标签会推送给观众，最后根据观众的反馈来判断视频是否受欢迎，从而进一步决定是否向更大的"流量池"推荐。

这里的关键就是"关键词"的提取。原则上，机器对图像、文字信息都有一定的解析能力，但相比较而言，文字信息量更大，提取更容易。因此，在机器解析时，机器会优先选择文字。如果视频文案写得精彩，能准确反映视频内容，机器就可以获取到更有效的标签，精准地推荐给目标观众。

文案是视频内容最直接的反映形式，这使得文案在推荐机制中占据很高的权重。因此，从视频的推荐机制角度来看也应该重视文案。

第 2 章

优质短视频文案的
5大特点

经常看短视频的人可能发现这样一个规律：播放量、点赞量高的视频必定有好文案。那么，什么才算是好文案？严格地讲，没有绝对标准，毕竟文案是人思想的产物，而每个人的思想又是独一无二的。当然，既然是好文案，必定有好的道理，一般来讲，好文案都有5大特点。

2.1 坚持正能量输出

短视频作为一种新的信息传播途径，承担着一定的社会责任，必须坚持正确的舆论导向，弘扬和传递正能量。无论是从国家层面还是从平台层面而言，对于违规违法、虚假、违背公共伦理道德的视频，都是一律严厉打击的。

案例1

昵称为"农民××"的网红王某，喜欢到各地拍摄老人的日常生活视频，并发布在自己的账号上。2019年6月，她为一位84岁老人温某拍摄了几条视频，同步发布到抖音、西瓜等平台上。

由于视频标题"农村90岁老人去侄子家要馒头吃，为啥会空手而归？看老人咋说""农村90岁老人每天都吃不饱，他最想吃的东西是啥？听完心酸了"特别具有煽动性，而且视频中多次提到老人侄子有虐待老人等敏感信息，该视频很快就引发了大量关注，播放量高达两三百万次。有的网友看完视频后，义愤填膺，直接将矛头对准了老人侄子，留言区也多是对其的攻击言论。

事实上，这几条视频都是王某杜撰出来的，歪曲了事实真相，给当事人带来了极大的伤害和困扰。最后，王某被温某侄子告上了法庭，一审判决，要求王某10日内删除所有侵权视频，并在原发布视频平台上公开赔礼道歉；赔偿经济损失、精神损失费两万元。

随着短视频以强势之姿闯入人们的视野，虚假视频也越来越多。一些营销号为赚取流量，吸引眼球，不惜捏造事实，拍摄一些具有负能量的视频，主角大多是弱势群体，再配上一些文案，利用大众的善心博同情、博关注。这类账号很容易被平台识别出来，当作低劣账号被封。

反之，那些富有正能量的视频，不但容易获得粉丝认可，还会得到平台的奖励、社会的认可。例如，曾经火遍火山小视频的"农村达人"刘金银。

案例2

火山小视频中的"农村达人"刘金银，是四川泸州一名90后农民，他凭借着介绍农村生活日常的短视频和直播，半年内就获得了近10万粉丝。他的视频中多是山村田野、扫地、做饭、喂猪、插秧的场景，内容虽很简单但积极向上，给人以美好的向往。

这位90后"农村达人"享受到了平台的红利，获利8万余元，还得到央视《新闻周刊》人民日报新媒体平台等央媒的关注和肯定。央视《新闻周刊》评论："他直播中的农村，没有许多农村网红中的自虐、低俗和荒诞，而有农村简单的欢乐，有儿时的回忆，有真实而质朴的农村生活。"这类平凡人的平凡生活，成为城乡文化沟通的新风尚。

坚持正能量输出，不但是对创作者提出的要求，也是对各大短视频平台提出的要求。为此，各大短视频平台在内容创意上下功夫的同时，也会在价值取向上有所坚持，引导和带动用户弘扬、传播正能量。

例如，快手短视频致力于公益活动，以"短视频＋公益"的方式引导公益潮流。2018年初，北京市第一家支持罕见病群体的公益基金会在快手注册账号"病痛挑战基金会"，借助短视频向更多人传播罕见病相关信息，呼吁社会关注。

又如，微视在2019年五四青年节期间，联合人民数字、人民网、人民视频等在线大媒体，发起了"吾是青年"手势舞挑战活动，通过手势舞演绎红色经典《我们走在大路上》。视频推出后，播放量高达数亿，掀起一股正能量热潮。

再如，2020年8月19日是第三个"中国医师节"，抖音短视频打造了主题为"弘扬抗疫精神，护佑人民健康"的活动，发起了"了不起的医生"系列活动，通过"话题＋直播＋微纪录片"的形式让广大"抖友"进一步了解医生的日常工作，致敬医务工作者。

2.2　能调动大众的情感共鸣

2.2.1　好文案就是要学会"煽情"

一个短视频文案是否好，很重要的一个判断标准就是看其是否有"煽情"的能力。这里的煽情是比较形象化的说法，即调动情绪的意思。好文案一定要引发粉丝的情感共鸣，让粉丝一看就有"说得特别对""正好讲的是我心声"的感觉。

案例 3

　　抖音上曾有条十分火爆的视频：一个人坐在出租车里拍窗外的风景：呼啸而过的车流，逐渐后退的树，灰扑扑的天空。就视频内容来说十分平淡，类似的画面几乎每个人都遇到过。

　　但由于配有下面的文案，立马给粉丝带来了不一样的感受。该文案是这样的：

　　"背井离乡来到这座城市现已四年，还是一无所有。明天又要交房租了，感觉快要撑不下去了。"

　　这样的文案配上车窗外繁华城市的场景，不免会让人心生悲凉，令看视频的人脑海中浮现出一个"心里孤寂、日子艰难的城市打工者"的形象。正所谓"成年人的世界，没有'容易'二字"，对于生活的不易，大多数成年人感受是相同的。这也正是这种看似平淡无奇的视频，能够有这么多关注量的原因——文案引发了大部分人的情感共鸣。

2.2.2　情感共鸣类文案的写作模板

　　一则文案能深深吸引粉丝，一定是戳中了对方某个小情绪或内心藏着的小欲望。好的文案就是要能直击人最柔软的"情感弦"，引发人的情感共鸣。短视频要想感动人，文案必须本着能调动大众某种情感的原则去写。

　　那么，怎么写才能让文案引发大众的情感共鸣呢？这里提供一个通用模板，如图2-1所示。

引发大众情感共鸣类文案的写作模板：

塑造人物形象＋植入情感

图2-1　引发大众情感共鸣类文案的写作模板

（1）塑造人物形象

情感为人独有，是人区别于其他动物最显著的标志。因此，想要写出引发大众情感共鸣的文案，首先必须塑造一个鲜明的人物形象，并由该人物引出故事。

案例 4

某金融平台在一组海报中通过塑造人物形象的方式，勾勒出一群身份各异的用户形象：养蜂人、面馆老板、跳广场舞的大妈……

一组组个性鲜明的人物，让故事变得真实起来，其文案是这样的：

他整整两年，没有在半夜一点前回过家；

他过去一年打过3万个电话；

她五十五岁，终于做回了自己；

他花光积蓄和勇气，贷款买了这辆二手车；

她开始喜欢这个城市了；

他相信，他来到这世界不是被帮助的；

他到过26个国家；

他四十年间，从不曾失信于人；

他的样子，从来都不曾出现在报纸、杂志或电视当中；

世界太大，他在人们看不见的地方向前走；

世界很大，但只有他的背后，是我们立足的地方；

每个认真生活的人，都值得被认真对待。

上述例子尽管讲的是平面海报文案，但道理是相通的，这种写法同样可以运用到短视频文案中，不同的是，其面对的是动态化的视频，而非静止的图片。

（2）植入情感

塑造人物形象后，最关键的一点就是要在文案中植入情感，这也是引发粉丝情感共鸣的基础。但需要注意的是，并不是所有的情感都可以植入，那些索然无味的情感是无法引发共鸣的。

一般来讲，以下4种情感比较容易引发共鸣，如图2-2所示。

图2-2　容易引发共鸣的4种情感

1）鼓舞

文案的写作角度很多，但最终都会回归一个点：发挥鼓舞激励作用。比如，主动面对挫折，战胜困难，树立信心等。有的是直接表达，有的是先抑后扬，找到大众某个痛点，然后针对痛点给予情感协助、心理支持。

案例5

2020年B站跨年晚会推出了短视频宣传片《不再撤回》。片中2020年化身为一个满头白发的少年，看着2020年发生的一些灾难，觉得自己把2020年搞砸了，想买一个撤回键，想道歉，使时间回到过去。这时全世界的人跟他说："没关系，过去和未来的每一天，或许都有无数的过失、愧疚，但只要你愿意，生活依然可以明净纯洁。"

文案通过先抑后扬的手法，告诉观众虽然每一个人都经历过痛苦，但不能再回头，而应一切向前看，因为美好的未来在等着我们。

2）伤感

人都是有情感的，而且容易沉浸在伤感的情绪中。伤感的歌，伤感的电影，伤感的情节，人一旦身处伤感情景中，心底那根埋藏最深的"弦"就会被触动，想起似曾相识的东西。即使一些不喜欢伤感、也不希望感伤的乐观派，也总会被那些悲伤的事物所吸引。

文案中如果带点伤感的情绪，就很容易引发大多数人的情感共鸣。

案例 6

　　抖音上有个视频，制作特别简单，仅仅一张图片，如图2-3所示，然而，点赞量却高达16.8万，其关键原因还是文案写得好。

　　文案如下："以前觉得，稳定的工作，美好的爱情，幸福的家庭，都是理所当然的事情，后来发现，他们一件比一件难。"

图2-3　案例视频截图

　　这个短视频文案主要表达的是"成年人的辛酸"，特别容易吸引同龄人的关注。再结合抖音的用户画像看（截至2020年12月，抖音57%为女性用户，三四五线城市用户占比70.5%，超九成用户消费能力在千元以下），这个文案受欢迎是必然的。

3）痛苦

　　心理学家认为，人在痛苦中陷得越深，越希望得到他人的认可。很多人都受到过指责、质疑和否定，假如文案能迎合目标受众的这种情绪，与他们站在一起，同时给予认可，将这种不良情绪合理化。那么，文案就能引起这部分人的情感共鸣，他们会觉得你是自己人，在感情上认同你。

4）厌恶

　　社会上有很多不合理现象，大多数人很厌恶，假如你的文案能把这些不合理

的现象指出来，同时，反转给这些不合理现象以惩罚，就会让大多数人对文案产生共鸣。

案例 7

老罗（罗永浩）现如今是抖音上炙手可热的带货达人，在直播的时候口才非凡，金句频出。当年，他从事英语培训时策划过一个广告文案。

文案先是提出一个问题：人民币一块钱现在还能买些什么？然后给出几个选项：一头蒜、一个打火机、一张报纸。最后笔锋一转：或许一块钱，你也能够来老罗英语训练听八次课。

显然，这个文案是利用了人们对通货膨胀、高物价、钱越来越不值钱现状的厌恶之情。大众本来就痛恨通货膨胀，看到这样的文案便会产生更大共鸣。然后，笔锋一转，将批评转为赞扬，效果立马就会不一样。

2.3 能激发大众的好奇心

2.3.1 文案要时刻留有悬念

在好奇心的激发上，留悬念是最好的办法之一。悬念是戏剧、电影及文艺作品中常用的一种表现手法，目的是激发粉丝、观众对故事情节、人物命运的关切和期待心理。短视频文案在篇幅上虽然不及文艺作品，无法深入描写，展开铺垫，但同样可以利用悬念的手法。

比如，在叙述一件事情、表达一个观点时，不要平铺直叙，直接告诉大众结果，不妨卖个关子留一个悬念。

好的文案千万不要直接说结局，而是留一定的悬念，引发大众观看视频的好奇心，促使其未看先思考，让大众知道到底会发生什么事情，答案是什么，会有什么样的结局。

案例 8

微信视频号"李玫瑾说育儿"中有这样一个视频，如图2-4所示。

文案为"2岁的孩子爱打人，家长可以这样纠正"，剩下的内容省去了，其实这就是一种悬念法，前面阐述一个事件，后面留一定悬念，既让大众知道有这么一件事情，又引发其探究答案到底是什么。

图2-4　案例视频截图

2.3.2　悬念类文案的写作模板

撰写悬念类文案，同样有一个通用模板，如图2-5所示。

设置悬念类文案的写作模板：

陈述事件/观点 + 疑问/矛盾

图2-5　设置悬念类文案的写作模板

（1）陈述事件/观点

在设置悬念前，必须清楚陈述一件事情或表达一个观点，因为后面的悬念是以此为基础的，没有前面的陈述，后面的悬念就不能成立。

仍以上面的案例为例进行分析：

案例 9

　　"2岁的孩子爱打人，家长可以这样纠正"中"2岁的孩子爱打人"是一个非常明确的事件，假如换成"教育孩子，家长可以这样纠正"，效果就非常差了。

　　"2岁的孩子爱打人，家长可以这样纠正"。

　　"教育孩子，家长可以这样纠正"。

　　两者同样设有悬念，但后者由于事件/观点陈述不够明确，悬念对人的吸引力就与前者相差悬殊。

（2）疑问/矛盾

　　短视频文案设置悬念有其特殊性，鉴于篇幅较短，悬念停留的时间往往也是一瞬间，事实上只要大众打开视频，这种悬念随之解开。因此，在短视频文案中设置悬念，方法通常也比较简单，那就是在标题中设置一个疑问或矛盾冲突，以激发大众在打开视频前急切期待和热烈关切的心理。

　　设置疑问或矛盾冲突的具体方法有以下3个，如图2-6所示。

矛盾对立法

特例与寻常对照法

反经验法

图2-6　设置疑问或矛盾冲突的3个方法

1）矛盾对立法

　　矛盾对立法是指将相反的或语义对立的词汇，统一在一个人或事物上，造成矛盾，让人在无法理解中思考，消除疑惑。

　　例如，一个生活窘迫的人，是如何买到2000万元的别墅的？

2）特例与寻常对照法

　　有些人或事物通常都有一个相对固定的状态，但在某个特定时间是另外一种状态。具体撰写时可以将这两种状态进行对比。让大众在对比中，感觉到"这一刻"不同寻常，一定是发生了什么事，到底发生了什么事呢？

例如，周一公司例会上，每次大家对营销问题都争论不休，而今天却没人发言，气氛很沉闷。

3）反经验法

人总会在内心深处积累各种经验，这些经验在我们头脑中根深蒂固，而当读到一些与自己根深蒂固的经验不一样的话时，就会产生疑问：为什么会这样？

例如，一篇视频的题目是"$100-1=0$"，而我们平常积累的知识是"$100-1=99$"，便会觉得这个题目非常奇怪。

2.4 引导大众互动，让大众充分融入场景中

2.4.1 文案要有互动能力

好文案都具有勾起粉丝与自己互动的"能力"，没有互动就没有浏览量，没有浏览量就没有曝光度。引导大众互动的最好方法就是设置问题，采用问句的形式，让大众情不自禁地参与进来。

案例 10

谷歌曾做过一个非常经典的广告，文案是一个小女孩给谷歌写的一封信。

亲爱的谷歌工人：你可以在我爸爸上班的时候，给他放一天假吗？比如让他在周三休息一天。因为我爸爸每周只能在周六休息一天。

凯蒂附：那天是爸爸的生日

再附：现在是夏天（暑假）

很快，凯蒂爸爸的上司丹尼尔·席普蓝克夫给她回复了一封正式的信件。

亲爱的凯蒂：

感谢你的来信和你提出的要求。你的父亲在工作上一直很努力，他

为谷歌和全世界千千万万人设计出了很多漂亮的、令人欣喜的东西。鉴于他的生日已快到来，以及我们也意识到了在夏天挑个周三休息一下的重要性，我们决定让他在七月的第一周休假一个星期。

祝好！

这两封信一经曝光，立刻吸引了成千上万的人转载，无论是媒体还是普通网友，都在主动进行传播。据统计，当时Google搜索到的相关记录超过7500万条。

但是有多少人意识到这是一则宣传谷歌的广告文案？即使意识到了，相信很多人也愿意为这样的广告买单。

谷歌的这则广告文案正是因为与粉丝进行了有趣温馨的互动，才收到更加意想不到的传播效果。而互动的方式则是在文案中成功营造了一个小女孩爱爸爸的情景，又有谁会忍心拒绝一个爱爸爸的小女孩呢？

2.4.2　互动类文案的写作模板

从上述这则广告文案中，我们可以延伸出如何在短视频文案中与大众互动，并且总结出一个万能的写作模板，如图2-7所示。

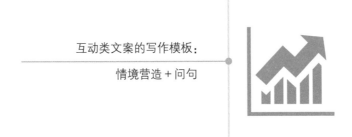

互动类文案的写作模板：

情境营造＋问句

图2-7　互动类文案的写作模板

（1）情境营造

在文案中设置情境非常重要，前文讲过有场景才会有情感，说的也是这个意思，场景与情境有一脉相承之处。不同的是情境更强调真实性，场景可以由人搭建，但情境不可以，情境必须由主体人物发自内心深处营造出来。

案例 11

"再见面是三个月之后，她的肌肤细润如脂，仿佛年轻了10岁，她是如何做到的？"

这是一个面膜类的视频文案，在文案开头就营造出一个女人爱美的情境。爱美是女人的天性，看到这样的文案，肯定有不少爱美女性会发表评论问：用了什么产品？用了什么方法？为什么会有如此神奇的效果？

（2）问句

问句在强化互动上有明显的作用，而且句式特别多，有的是真正寻求一种答案，有的则是明知故问，目的是吸引人的注意，启发思考，激发情感；连续发文还能表达激动的情绪，增强感染力和气势。因此，为增强与粉丝的互动性，在文案中可以尽量用问句去表达（具体用法会在4.3.4节中详细讲到）。

2.5 坚持"干货"输出，让大众学到知识

2.5.1 能解决实际问题

是否坚持"干货"输出，是判断一个短视频文案质量高低、能否赢得大众关注的主要标准。我们做文案的目的就是围绕目标用户需求，为目标用户解决实际或潜在问题的。因此，所做的内容必须是"干货"，讲究实用性，让目标用户看后能学到知识，受到启发，使在生活、工作、学习中遇到的问题得到解决。

文案只有能解决实际问题，坚持"干货"输出，才能持久地吸引大众关注。

案例 12

"Word小技巧"是抖音上一个非常受欢迎的账号，截至2021年4月，已经有粉丝89.4万人，点赞量达10.8万。从受众角度分析，由于面对的目标人群相对较窄（毕竟使用Word的人相对较少）该账号并不占大量吸粉的优势。

该账号之所以能吸引近百万粉丝关注，主要原因是内容的实用性强。每个视频讲解一个Word使用技巧，300多个小视频，个个都是干货，直接告诉大众如何使用Word，如图2-8所示。这恰恰满足了一部分人，尤其是职场人士的需求。

图2-8　案例视频截图

随着短视频类产品的不断增多，竞争日益激烈，真正决定其核心竞争力的已经不是产品本身了，而是内容。做短视频必须重视内容运营，提供用户喜欢的短视频内容是基础，如果找不到用户喜欢的内容，那么用户的留存等核心数据必然不会好。只有解决了这个问题，后续的社区才有可能建立起来。这也是内容运营在短视频类产品中如此重要的原因。

而在整个短视频内容链条中，文案所占比例权重最大，除了画面和音乐外，就是文案。大众看一个视频，不仅要看画面清晰度，音乐是否有代入感，还要看文案质量，因为只有通过文案才能深度了解短视频内容。

2.5.2　"干货"类文案的写作模板

大多数人对一个品牌或产品的诉求是，花最短的时间、最低的成本获取对自己有利的信息，尤其是在这个信息泛滥、人们都在追求快节奏的时代，更希望高效率地获取信息。从这个角度看，谁能高效率地满足客户的这种需求，谁就能抓住客户。

因此，文案必须避免赘述，要抓住重点，直击核心，为粉丝提供最有价值的信息。优质短视频文案往往通过一句话向用户提供喜欢的内容，而要达到这样的效果，需要创作者掌握一个通用写作模板，如图2-9所示。

"干货"类文案的写作模板：

谁＋场景＋怎么样

图2-9　"干货"类文案的写作模板

谁＋场景＋怎么样，可以理解为：谁在什么场景下使用，解决什么问题。

（1）谁在什么场景下使用

"谁在什么场景下使用"解决的是用户是谁的问题。比如，小红书的目标用户是"20多岁的年轻女性"。这时，假如我们做一个关于小红书的文案，目标用户定位也要与小红书目标用户画像保持一致，明确我们的文案就是针对"20多岁的年轻女性"。

（2）解决什么问题

任何工作都是为解决用户面对的问题或困惑而存在的，只有帮他们解决了问题，才能得到认可、理解、共鸣，本质是马斯洛需求层次理论中的社交和尊重需求。

例如，一些情感账号，内容风格严重不一致，文案杂乱，无法瞄准一个固定的群体去写，有时写伤感，有时写鸡汤正能量，有时写男性，有时写女性。由于表达的情感是杂乱的，所以很难起到真正解决粉丝困惑的作用。

因此，一个账号要想解决目标受众面对的问题，一定要严格把控内容的调性，保证账号下内容的一致性，集中一个目标全力去写。

第 **3** 章

策划独特选题：
有了选题，文案才不会跑偏

有些人创作喜欢靠灵感，即想到什么写什么，当创作欲望寡淡时，往往提笔空无言。有经验的文案人员都知道，做文案三分靠灵感，七分靠选题。一个选题策划到位，能衍生出八个、十个，甚至更多文案。

3.1　策划文案选题的3个关键

3.1.1　确定写作目标

在短视频文案写作影响因素中，文案人员的文字功底发挥着50%的作用，另外50%就是选题策划。策划选题，第一步是在充分了解视频题材的基础上确定写作目标，比如，视频拍摄的内容是什么，想要表达的核心思想是什么，想向目标受众传递什么信息等。

为什么很多文案看起来与视频完全不搭，偏题、跑题比比皆是。这就是因为文案人员在下笔之前，没有确定写作目标。只有明确写作目标，才能把握好写作方向，让文案服务于视频。

案例 1

2020年12月17日是知乎推出十周年，值此之际，知乎联合环球时报、参考消息、中国日报网、经济观察报等权威媒体，推出了庆祝10周年的短视频宣传片《向上的答案》，该视频部分截图如图3-1所示。

图3-1　知乎10周年宣传片《向上的答案》截图

视频全长4分18秒，回顾了全球很多名人的离去，以及发生的众多灾难。面对这些痛苦，全世界的人并没有妥协，而是迎难而上，创造了很多辉煌。文案层层递进，很好地把大家的情绪调动起来，很好地展现了10年间"越难越燃"这一主题。

附全部文案，如表3-1所示。

表3-1　知乎10周年宣传片文案

《2011—2020是怎样的十年？》		
猝不及防？	我们用好奇冲破银河的想象	纵使向上的路
失去？	向上直击	注定风雨兼程
痛惜？	对抗偏见	一定有人藏起脆弱
压力？	赢得喝彩	用血脉托起生命的桥梁
焦虑？	向上	一定有人扛起责任
遗憾？	成长	义无反顾冲向最难的路
是惊喜	拥抱热爱	当时代提出问题
是创造	用汗水加持荣耀	就一定有人给出答案
是好奇	我们是冠军	这些答案
是向上！	和我的祖国一起成长	让我们拥有无限向上的信念
向上看	见证强大	越难，越燃

目标是宗旨，是纲领。写文案也一样，必须有明确的目标，是为了树立个人品牌，还是为了与粉丝交流，抑或是为了直播带货等。只有目标明确了，写文案才会有方向感，才能够有思考的基准，才有可能知道需要写什么样的内容来打动别人。当然，具体需要根据视频账号的定位、视频内容而确定。

短视频文案的写作目标通常有以下4个，如图3-2所示。

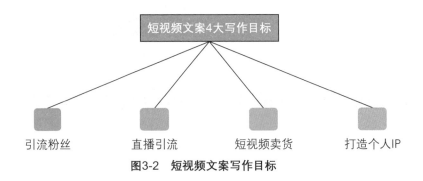

图3-2　短视频文案写作目标

（1）引流粉丝

在互联网时代，粉丝逐渐成为一个热词。有了巨大的粉丝量，才有无限盈利的空间。因此，网站、网店、自媒体都将重点放到增加粉丝流量上，通过各种途径扩大粉丝规模，提升粉丝质量。

随着短视频的兴起，通过短视频实现粉丝引流成为一种不可忽视的途径，很多品牌开始制作精良的短视频，并配以高质量的文案，其目的是吸引粉丝。图3-3是"小红书"抖音账号通过短视频引导粉丝下载。

（2）直播引流

随着短视频的兴起，直播带货成为一种重要的变现方式。通过短视频文案引流，是很多主播的常见做法，目的是引导更多粉丝进入直播间。比如，在直播之前或直播中发布一段短视频，并配有"今晚8点直播""今晚8点直播间等你""正在直播"等类似的文案，如图3-4所示。

图3-3 "小红书"抖音账号短视频截图

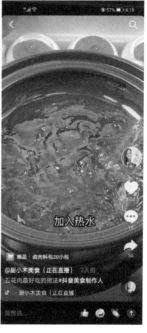

图3-4 短视频引流直播间文案

（3）短视频卖货

除了直播带货外，还有一种带货方式，那就是短视频卖货。抖音、快手上很多网红主播纷纷做起了短视频卖货。在短视频卖货中，文案成为产品展示、活动促销的主要工具，通过文案引导粉丝到后台逐一了解产品、购买产品。

比如，在抖音中可以将粉丝引流到抖音商品橱窗、电商购物车、抖音小店中，如图3-5所示。

（4）打造个人IP

使用短视频最主要的一个目的是对产品进行宣传、展示，让更多的粉丝认识、了解，进而购买产品。很多人写文案的目的是进行品牌、产品宣传，文案时刻围绕着产品及相应的服务进行。其实，短视频还有一个功能，那就是打造个人IP，文案也不必以引流、卖货为主，而是分享知识，加强粉丝黏性。

目前，类似的做法非常多，品牌方努力将自己的短视频账号打造成一个知识聚集之地，向粉丝主推实用、有趣的知识。其实，这是符合短视频发展趋势的，因为大多数人看视频不只是为了买东西，还有消遣、娱乐、学习、体验的需求。

反过来讲，无论是消遣、娱乐，还是学习、体验，只有保持长期的、高质量的输出，才可以更好地加深粉丝对品牌的印象，提升品牌在粉丝心中的知名度和美誉度，这是一个潜移默化的过程。

从这个角度看，这类文案需要满足粉丝的精神需求，或有营造学习氛围的能力，如图3-6所示。

由此可见，做文案选题关键不是确定写作方法、技巧等细枝末节的东西，而是要想办法解决写作目标大方向的问题。先把拍摄短视频的目标确定了，试着找找方向感，然后再按照既定的方向去细化、优化。

3.1.2 建立"素材库"

确定写作目标之后，下一步是搜集素材，建立

图3-5 短视频卖货文案

图3-6 短视频知识传授文案

一个"素材库"。"素材库"就是写作素材的库存，里面有各种各样的资料。素材最好以关键词的形式条理化，比如，性别、年龄、职业、地区、收入、性格以及其他等。有了这个素材库，文案写起来就会方便很多。

案例 2

以美妆类视频为例，假如想写出一个与美妆产品有关的文案，可以这样组合。

与年龄组合：30岁的女人如何化妆？

与费用结合：200块钱能买哪些化妆品？

与地区结合：南方姑娘与北方姑娘妆容的不同。

再以健康类视频为例：可以写大家日常生活中比较关心的话题，也可以提出一些新的观点。也可以具体到某个问题，比如，大众易忽视、最需关心的问题，这样熬夜对身体有害，等等。

从以上案例可以看得出，建立素材库是非常有利于文案选题策划的，是持续高效输出文案的基本保证。主要体现在以下两点：

一是可以拓展思路。正所谓厚积薄发，长期的积累，有助于创作者文思泉涌，写出与众不同的文案。二是可以大大丰富词汇，提升创作者写作效率。只要根据特定视频自由搭配即可组合出多个文案。

那么，在建立文案素材库时具体应该搜集哪些方面的材料呢？可以从以下4个维度进行，如图3-7所示。

图3-7 建立文案素材库的4个维度

（1）维度1：学习优秀文案的语言表达技巧

文案是最讲究语言表达技巧的。例如，"我喝了一杯温热的水"是一句很普

通的话语，但是如果改成"我喝了一杯浸泡回忆的水"就完全不一样了。其中后一句就是运用了特定的表达技巧。

语言表达技巧对于文案而言非常重要，而这又是可以学习借鉴的。学会向经典致敬，向经典学习。十年前、二十年前，甚至更早，有很多经典文案，尽管经历了时代变迁，行业不一样、产品不一样、语言环境不一样、传播载体不一样，但文案的精髓是文字，那些令人回味的文字，仍然启发着我们，给我们以营养。

（2）维度2：学习优秀文案的立意

文案的立意是指创作者要能站在一个比较高的高度，谈到人们真正关心、乐于传播的事情。立意好的文案，在思想上有高度、有深度。

那么如何来确立文案的立意呢？这里有一个小技巧，即向同行业的文案学习，并在此基础上分析，看对方是如何立意的，这样就能准确确定写作的方向。善于创新的话，还可以形成自己独特的文案思路。需要注意的是，学习不是让你拿来就用，而是培养方向感，去探索同行业的主流方向，多快好省地写出能迎合绝大部分人需求的主流文案。

（3）维度3：学习优秀文案的写作方法、技巧

前两个维度说的都是搜集现成作品，而这个维度讲的是比较内在的东西——方法、技巧等。很多好文案都有自己独特之处，而这需要经过分析、思考和总结，没有大量的积累是难以总结出来的。

建立素材库，不仅仅是存放他人的作品，更重要的是变成自己的。将作品库存转变为方法库存。一个文案，当总结出写作方法和技巧，就可以做到举一反三、旁征博引。

（4）维度4：学习优秀文案的性格

"文字似人，人似文字"是文案的最高境界。这句话是什么意思呢？就是说文案是有性格的，你是什么样的人，就会写出什么样的文案，文案就是你整个人的反映。

笔者入门时期爱看陈绍团写的文案，时隔多年，尽管无法完整地说出某条文案写的是什么，但从他大量的文案中悟出了一点，那就是"自信"，他的文案处处表现出"自信"，这点对笔者后来的文案创作也十分有用。

再比如，笔者看过一个预告片《了不起的匠人》，其中的"东方美"演绎时节奏极快，十分"酷"，这时候笔者刚好要做一个中式品牌，就学着用相同的手法去设置情境。再比如，一些文学作品中，陈述特别有"仪式感""宿命感"，这样的也可运用到文案创作中。

四个维度的素材是层层递进的关系，作为文案创作者能搜集到哪个层级，也决定了自身的创作高度。善于发现，善于思考，善于总结，学会洞察，是文案创作最宝贵的库存，这也是我们建立文案素材库根本目的所在。

3.1.3　做好内容细分

从短视频整体发展趋势看，很多短视频平台在内容定位上都在走"垂直细分"之路。如专注游戏领域的虎牙、斗鱼；专注聊天交友的QQ；以泛娱乐为主的映客、花椒，更是在多个领域精耕细作。其实整个短视频都在紧跟趋势，提倡对内容进行"瘦身"，瞄准一个领域深挖掘，做出创意。

这是平台大环境的要求，而对于创作者个人来讲，在具体定位上要避免大而全，因为这样看似面面俱到，实际上却是蜻蜓点水，略有涉及，这样就无法给用户一个明确的认知、精准的定位。

内容定位越精准、越垂直，粉丝越精准，变现越轻松，获得的精准流量就越多。所以，在注册账号之前，就要思考内容定位，主要聚焦哪一细分领域做内容。那么，如何做好内容细分呢？可从以下两个方面入手。

（1）圈定内容范围

做内容细分，最重要、最基本的做法就是圈定内容范围，在内容本身上集中体现。即内容要时刻围绕着本行业、本企业的核心产品和业务展开。把内容做细、做精、做出特色，高度垂直，让其成为行业典型，自然会被大众熟知，吸引更多用户的关注。

案例 3

"小妙鲜"是抖音上以普及生活DIY常识为主的账号，视频中有很多关于生活的小窍门，每个小窍门又都分步讲解，简单易学，上手快，适合初学者学习，如图3-8所示。

图3-8　以传播生活常识为主的
"小妙鲜"

当圈定了内容的大致范围，视频的基本方向就明确起来，便于粉丝在最短的时间内了解内容。

（2）打造自己的品牌影响力

圈定内容范围解决了大方向问题，但这并不意味着就可以成功吸引到用户。因为同类的内容可能有很多，要想脱颖而出就需要形成独特的品牌影响力，即给观众的特定认知是什么。这就要求在圈定内容范围的基础上，努力做出自我，不落俗套，给观众以崭新的、别致的、眼前一亮的感受。

比如，很多短视频只是单纯地展示才艺或个人魅力，如唱歌、跳舞、厨艺等，这是远远不够的，无法形成较强的品牌影响力。只将内容的焦点局限在主播身上，就是想与大家分享特定的内容，但这种分享往往是很难的，因为内容太常规、太普通，甚至不如其他同类。这时，如果在展示主播才华的基础上还能有点创新，一改单纯地"展示"模式，将内容调性提高一个档次，情况就会大大改观。

在做短视频文案时，无论视频做什么内容，最关键的还是要深挖掘，做垂直细分领域的内容，并且做出自己的特色。

3.2　策划文案选题的4个依据

3.2.1　关注热门视频

想要策划出独特的文案选题，第一步是要多关注热门视频。热门视频上的文案大多是非常优质的，多看热门视频的文案写作风格、思路、意境等，并对其进行分析，从中找出规律。这些规律将会成为创作同类文案选题的主要源泉。

那么，如何获取热门视频呢？这个相对比较简单，很多短视频平台都有专门的热门视频板块，集中呈现平台一段时期内的热门视频。例如，抖音"数据中心"有一个"投稿建议"，分"热门话题"和"热门视频"两部分，如图3-9所示，这个榜单与往期视频的主题高度匹配，通过该榜单可以找到更多创作灵感。

图3-9　热门视频

案例 4

更重要的是，热门视频和热门话题，直接为创作者提供了创作素材和灵感。创作者可以通过分析和利用榜单上与自己有关的视频和话题，增加自己视频的热度。

当然，这些数据不仅仅是我们看到的用户搜索量、关注量、浏览量、转发量、点赞次数、评论次数等前台数据，还包括权重得分、预计活粉、热门视频、阅读统计、点赞统计、运营指数、发布习惯、原创比例等数据。这部分数据在后台，需要自己下载，然后用表格整理出来，逐个分析，圈出热门词，找出规律。

综上可知，在分析热门视频历史数据时，需要搜集前台数据和后台数据两类数据，具体如图3-10所示。

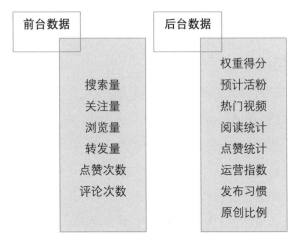

前台数据

后台数据

搜索量
关注量
浏览量
转发量
点赞次数
评论次数

权重得分
预计活粉
热门视频
阅读统计
点赞统计
运营指数
发布习惯
原创比例

图3-10　热门视频的两类数据

当然，只知道数据类型是不够的，关键是对数据进行分析。在对数据进行分析时，要更全面、客观地分析，需借助一定的工具。目前，有5款常用的短视频数据分析工具，如表3-2所示，大家可以根据自己的需求，选择最适合自己的工具。

表3-2　常用短视频数据分析工具

工具名称	支持平台	主要功能	费用	适用范围
飞瓜数据	抖音、快手、B站	热门素材	免费	主要解决抖音、快手带货的问题，很全面，且分析维度细
		播主查找	收费	
		数据监测		
		电商分析		
卡思数据	全平台	榜单查询	免费	主要解决大品牌用户的商业投放、舆情监控和官方号运营
		电商带货	收费	
		创意洞察		
		品牌追踪		

续表

工具名称	支持平台	主要功能	费用	适用范围
短鱼儿（抖大大）	抖音	商品榜单	免费	以抖音电商分析为主，免费用户可使用部分功能
		电商视频	收费	
		电商达人		
		热门店铺		
TooBigData	抖音、快手	达人数据	收费	整体费用较低，能满足用户对数据分析的基本需求。缺点是无法查看实时数据
		视频数据		
		带货数据		
新榜抖音	抖音	排行榜	免费	公众号起家，抖音部分功能过于简单
		账号回采	收费	

（1）飞瓜数据

飞瓜数据是一款专业的短视频数据分析工具，该工具功能模块丰富，可以满足不同用户需求。

以飞瓜数据的抖音版为例，它提供热门视频、热门话题、热门音乐和热门评论等模块，最快的更新时间为6小时，可以查看全网热门素材。针对单个爆款视频，还可以查看粉丝数据和热词数据，帮助运营者分析。如果是带货视频，还有商品分析作为参考。

飞瓜数据是一款功能齐全的短视频分析工具，但也有其缺点。比如，飞瓜数据目前仅支持抖音、快手和B站等平台；由于数据分析维度较多，对使用者的能力有一定的要求。使用者个人的数据分析能力对分析结果的影响较大。另外，飞瓜数据是收费的，仅部分功能体验免费，大家可以试试。

（2）卡思数据

如果说飞瓜数据是针对中小企业或个人的工具，那卡思数据则更多的是面向大品牌主或企业蓝V。

以抖音商品分析为例，通过卡思数据可以查看日榜、周榜或自定义时间的商品榜单。榜单有抖音好物榜、商品浏览榜和带货视频榜。可以查看商品价格和浏览带货数据，也可以查看带货视频和带货红人的数据。

除了日榜、周榜数据外，还有月榜数据。其中，比较实用的是每个热销商品的热度分析、在售播主分析、推广视频分析和商品舆情分析。协助深度分析爆款商品特性和发展走势，提供更多的数据参考维度。

卡思数据的最大优势是有品牌追踪功能，可对大品牌主的商业投放、舆情监控和官方号运营进行指导。具体有以下4大功能，如表3-3所示。

表3-3 卡思数据的4大功能

功能	内容
品牌追踪	可以追踪竞争品牌在抖音和快手上的商业投放行为（信息流、KOL、话题等）以及蓝V运营情况
品牌舆情	可以查看关注品牌在抖音和快手上的品牌声量与用户舆情
品牌用户画像	可以查看关注品牌的用户画像，如性别、年龄和地域分布等信息
品牌官方号	可以对比多个品牌的抖音和快手的官方账户运营数据

另外，卡思数据涵盖的平台广泛，包括抖音、快手、B站、微博视频、西瓜视频、火山小视频、美拍视频和秒拍视频等。

（3）短鱼儿

即原"抖大大"，该工具比较简单，仅支持抖音单平台的数据分析。在功能上，也比较单薄。在分析维度上，没有那么细致。不过有其明显优势，即它的免费版涵盖的功能较多，大家可以放心体验。

（4）TooBigData

TooBigData主要是用来查看抖音的各类榜单数据。比起工具，更像是综合查询平台，所以TooBigData整体上的分析功能偏弱。但也有其优势，比如，其查询功能是免费的，可以免费查看前100名热卖商品，方便大家使用；其特色榜单"黑马号"可以帮助大家发现有潜力的新账号。

（5）新榜抖音

新榜抖音是数据监测和分析平台，数据分析维度多，视频、音乐、话题挑战赛、神评论都可以找到，同时具有全面、丰富、持续、智能、及时、协同等特点。

但是，该工具整体功能比较单一，仅能分析抖音号的数据。即使其有个付费的账号回采功能，可以采集指定账户自定义时间内的视频数据，也仅仅是采集视频本身的播放量、点赞次数、转发量、评论次数等数据。这个功能只是节约了手工收集的时间，实际应用场景非常有限。

3.2.2 深入了解观众需求

策划文案选题除了分析热门视频历史数据之外，还需要在此基础上精准把握观众的需求。只有写出符合观众需求的文案，才能真正地引发对方的关注。如果说，热门视频历史数据分析是决定能否策划出好文案选题的外因。那么，迎合观众需求就是内因，内因才是起决定性作用的因素。

在短视频平台上，了解观众需求的途径主要有两个，一个是内部途径，一个是外部途径，如图3-11所示。

图3-11　在短视频上了解观众需求的两个途径

（1）内部途径

内部途径是指短视频的评论。一则爆款短视频发布后，会有数以万计的评论。观众或是发表观点，或是进行咨询，或是主动提建议，甚至是寻求合作。这些评论很大程度上反映着评论者的需求，这些人之所以愿意参与评论，一定是有某种需求的。

例如，抖音上一个美食类短视频获得了2.4万条评论，假如能充分挖掘这些评论中蕴含的信息，便足以深入了解大多数观众的需求。

在这个过程中，对于一些爱互动的观众，还可以深入沟通，问他们喜欢什么样的文案，还关注其他什么账号，有什么收获，对我们有什么建议，以便更真实全面地了解观众的需求。

（2）外部途径

外部途径包括知乎、豆瓣、百度问答、百度指数、Group＋等第三方平台。

其中，知乎、百度指数基本囊括了这个领域的所有用户，通过这两大平台可以更充分地了解用户在关注什么。

在这个基础上汇总精华问答，然后整理、提炼、写作。只要每天把这些问答整理成一篇文章，然后发布到短视频中，就能快速打造个人品牌。

案例 5

假如你准备写一篇与新媒体运营有关的文案，可以先搜索其关键词，比如"新媒体""运营"等，看看观众是否关注这个话题，关注点都有哪些。

所搜关键词一般可以通过知乎、百度指数搜索，输入关键词后可以看到热度最高的相关内容，如图3-12、图3-13所示。通过这些内容可以推测出观众对什么感兴趣，然后确定选题方向，策划选题细节。

根据图中数据可以推测出，运营工作在新媒体工作中的需求最大，搜索指数很高。

图3-12 "新媒体运营"相关在知乎上的热度

相关词热度 ❓

相关词	搜索热度
1. 运营	
2. 新媒体管家	
3. 新媒体	
4. 电商运营	
5. 抖音运营	
6. 产品运营	
7. 微信运营	
8. 用户运营	
9. 新媒体营销	
10. 文案编辑	

图3-13　"新媒体运营"相关在百度指数上的热度

看知乎、百度指数，适合从宏观方面构建大的写作思路，更加了解观众的需求。接下来就重点介绍这两款互动工具的用法。

1）知乎

知乎的核心功能是问答，通常是先提出问题，然后等其他用户回答。但有很多人无法用好这一功能，换句话说就是不会正确、有效地提问。那么，该如何提问呢？图3-14所示的3个注意事项需了解。

1 有问题先搜索

2 问题要真实、准确、富有挑战性

3 善用"邀请"

图3-14　用好知乎问答的3个注意事项

① 有问题先搜索

虽然不能说搜索十分好用，但想到的概念只要是对的，一般都能找到非常相似或者正好就是的问题。比如提的这个问题，搜索"使用知乎"，不要回车，在下拉菜单里能看到一些相关的话题和问题。

② 问题要真实、准确、富有挑战性

所提问题既要真实、准确、精炼（必要时添加补充说明），又能激发用户回答问题时可以满足的挑战性、荣誉感，就肯定会有高人来回答，也能因此聚集到提问者希望交流或合作的人。

③ 善用"邀请"

发布问题可以主动邀请一些朋友来回答。在右侧"邀请他人回答"下面输入名字即可找到想邀请的人。用户很重视被邀请回答的问题，这也是社区认真劲儿的一个体现。

2）百度指数

百度指数是一款大数据趋势统计分析工具，以百度海量网民行为数据为基础，供用户查询某个关键词在百度搜索中的发展趋势、使用规模、目标受众画像态势，以及相关的舆情变化等。百度指数的4个主要功能如图3-15所示。关注这些词可以明确该类群体是什么样的，分布情况，帮助商家做竞品追踪、受众分析、传播效果查询，优化数字营销活动方案。

图3-15　百度指数的主要功能

① 趋势研究

趋势研究反映了用户在互联网上对某个特定关键词的关注程度及其持续变化情况。趋势研究主要以百度网页搜索和百度新闻搜索的搜索量数据为基础，以搜索关键词为统计对象，系统科学分析某关键词在百度整体市场中的搜索频次。特别要说明的是，百度指数与搜索量有关，但是百度指数并不等于搜索量。

趋势研究包含两部分，分别为指数概况与热点趋势，其中指数概况又分为最近7日和30日的变化情况；热点趋势则包括整体趋势、PC端趋势和移动端趋势，这部分数据显示该关键词被搜索的情况和媒体指数，在实际运用中商家可以根据实际情况分地区进行数据统计。趋势研究包含的内容如图3-16所示。

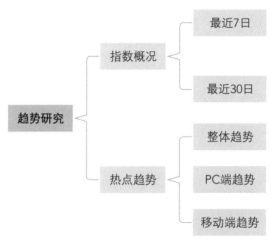

图3-16　百度指数中的趋势研究功能

② 需求图谱

用户利用百度进行关键词搜索的行为属于用户自主意愿行为，每个搜索行为背后都可能产生购买行为。因此，企业利用百度指数统计用户的搜索情况可以发现用户隐藏的购买需求与欲望。需求图谱包含的内容如图3-17所示。

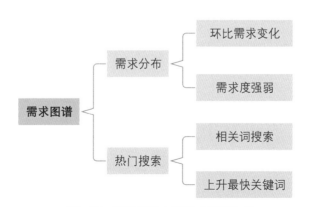

图3-17　百度指数中的需求图谱功能

需求图谱包含需求分布与热门搜索两部分内容。环比需求变化和需求度强弱，是指对同属一个关键词条件下，其他关键词的需求对比分析；相关词搜索是指与所搜索词相关关键词的搜索量分析，上升最快关键词是指在一段时间内搜索量发生明显上升的那部分关键词。

③ 人群画像

人群画像是指百度指数对关键词搜索用户属性进行的数据统计，统计对象包括用户的性别、年龄、区域、兴趣等，人群画像具体内容如图3-18所示。精确的区域数据以及搜索群体的年龄与性别数据都为企业确定目标市场提供了依据，可帮助企业有效地制订细分目标市场的营销策略。

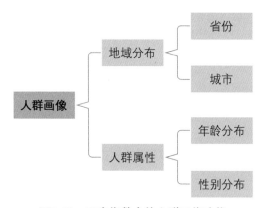

图3-18　百度指数中的人群画像功能

④ 舆情洞察

舆情洞察是指百度指数对关键词在特定时间段内被新闻媒体报道的数据或者与关键词有关的问题、帖子的数据进行的统计。舆情洞察包括新闻检测与百度知道两部分内容，根据数据可以看到具体的某个时间点媒体对该关键词的报道消息数量。

3.2.3　结合产品优势、特色

无论哪类文案，最终都是为品牌或产品服务的，扩大品牌曝光度，或宣传、推广产品，因此，在策划文案选题时需要紧紧围绕品牌和产品优势、特色，并最大限度地凸显出来。

对品牌和产品优势、特色的提炼过程，其实就是归纳、总结产品卖点的过程，只有将产品卖点凸显出来，才能促使消费者对产品有清晰的认识，产生购买之心。

很多文案从写作的角度看非常好，但从商业效益上看则不尽如人意，无法激发消费者的消费欲望。原因就在于脱离了产品，或者没有提炼出吸引人的卖点。

从这个角度看，提炼卖点、凸显优势，是文案选题策划的核心，必须让消费者在看到文案后就选择这个产品，而不去选择竞争对手的产品。

清晰有力地呈现出产品的独特卖点，给粉丝强有力的购买理由。这里所说的独特卖点并非是一些漂亮的广告语，而是产品独一无二之处。

那么，如何提炼卖点呢？不妨以一篇关于"茶"的文案策划为例。

案例 6

我国的茶有很多品种，不同的茶有不同的特点，因此，在卖点的选择上也各有不同。比如铁观音，我们知道铁观音最大的特点是香，那么"香"就是其最大卖点；红茶的特点是"润"；大红袍的特点是"酽"；因此卖点大不相同。

即使同一类茶，因产地不同，卖点也可以不同。如产于福建安溪的铁观音与其他地方的铁观音是不同的，在卖点上就可以区别开来。

如果继续细分的话，同一地区的茶还可以"特色化"，比如，文化传承、制作工艺等都可以成为一种卖点。安溪西坪镇铁观音被认为是最好的、最正宗的，在文化传承上优于其他地区。

总之，可挖掘的卖点很多，这就要求文案创作者具备明察秋毫的洞察能力、抽丝剥茧的分析能力、严密的推断能力等，只有具备这些能力才能写出独一无二的文案。

从以上案例可以看出，尽管都是茶，站在不同角度，可以提炼出多个卖点。卖点不同，呈现出的价值也不同。所以，在提炼产品卖点上，关键还是看站在哪个角度。接下来，为大家介绍提炼卖点的9个角度，如图3-19所示。

图3-19　提炼卖点的9个角度

（1）角度1：价格

价格是影响消费者购买决策的重要因素之一。文案以价格为卖点，突出价格，或者将价格透明化，很大程度上能够帮助消费者快速对产品产生兴趣。图3-20所示便是类似的文案。

但一般来讲，除非产品有较强的价格优势，否则应避免盲目地在文案中将价格透明化。

（2）角度2：质量

无论什么时候，品牌品质和产品质量永远是消费者最关注的，假如品牌知名度较高，产品质量公认度也高，质量绝对是第一卖点。

以质量作为卖点，在具体操作上可以围绕原材料或原产地展开。例如，维生素C片大多都在强调其天然性，从何种维生素C含量高的水果中提取而成；牛奶和奶制品，将来自大草原的

图3-20　以价格为卖点的文案

优质奶源作为卖点，其实都是围绕原料或者原产地展开的。

也可以围绕生产工艺展开，要么讲先进，要么讲传统。例如，纯净水强调先进的净化设备和技术；手工艺品强调传统配方和传统工艺。

（3）角度3：服务

随着消费者消费意识的转变，决定是否购买某个产品，并不仅仅看产品本身，还看与之相关的服务，包括现场服务、售后服务。文案中如果能在服务上挖掘出亮点、卖点，不仅可以瞬间吸引消费者，还有利于形成口碑传播。

（4）角度4：稀缺

"物以稀为贵"是对人性的深刻认知，不管是原材料的稀缺还是生产数量的稀缺，都会极大提升产品在消费者内心的价值感。

（5）角度5：附加值

在提供同样主营产品的情况下，如果你的产品比竞争对手的产品能额外提供附加值，那么，用户就会优先选择你的产品。比如，我们常见的抽奖、赠送等就是采用这种方式，如图3-21所示。

（6）角度6：重塑认知

很多时候，行业内习以为常的产品特点和生产流程，商家都将其默认为共识，其实消费者并不知道这些。假如你把这些写出来，消费者则会更认同你的产品。

（7）角度7：情感需求

消费者对一个品牌的认知，除了物质需求促使外，还包括情感需求。因此，在提炼产品卖点的时候还可以多打情感牌，刺激消费者内心深处的某种情感，引发情感共鸣。

图3-21　以附加值为卖点的文案

案例 7

图3-22所示是长安汽车抖音官方账号上的一则短视频文案：回家还是工作？什么才是最好的选择？

此文案正是充分利用大多数消费者的情感需求，视频的拍摄背景是2021春节前夕，回家成了大多数在外漂泊者的主旋律。然而，一面是母亲的期盼，一面是繁忙的工作，回家还是不回家，很多人陷入了迷茫，不禁开始问自己。

**图3-22　长安汽车抖音官方
账号短视频文案**

大多数人非常看重亲情，这也是很多品牌在营销中最常用的情感之一，围绕亲情体现"回家、团圆、孝顺"等主题，同样，在文案写作中也可以如此。

（8）角度8：价值共鸣

价值共鸣是提炼卖点最高明的手法，一个产品的价值如果与某一人群的价值观相吻合，那就能快速吸引这些人认可、购买。反过来讲，这群人也是忠诚的粉丝，有着共同价值观的人忠诚度最高，他们会持久地关注一个品牌、消费一个品牌。

在挖掘品牌的价值共鸣上，一般来讲可以从产品的独特人格魅力和匠人精神两方面集中体现。

1）独特人格魅力

品牌是有"人格"的，每个产品都有自己的独特人格魅力。人格魅力是一个品牌核心价值的体现，也是区别于其他品牌的关键。

过去锤子手机能在国产手机品牌中占有一席之地，主要是消费者对作为产品经理老罗的偏执人格魅力崇拜产生的需求。一句"彪悍的人生不需要解释"让多少热血青年动容。

2）匠人精神

好的产品都是精雕细琢出来的，现在做产品都提倡要有匠人精神，做匠心产品。之所以有这样的趋势，是因为现在的消费者都在追求极致品质，不但要有极致的质量，还要有极致的服务和体验。

因此，你的品牌和产品如果能做到极致，在竞品中脱颖而出，一定能受大多数消费者欢迎。

（9）角度9：企业文化

每个企业都有自己独特的文化背景，企业文化已成为品牌宣传、产品销售的一个卖点，也是近年来大多数企业所重视的。

企业文化是企业的价值观、信念、处事方式等特有的文化形象，表现在企业日常运行中的各方面。它是一种软实力的表现，在塑造品牌和产品形象上发挥着重要的作用。

总之，大凡能写出深具营销力文案的作者，必须具备明察秋毫的心理洞察能力、灵动逼真的场景描绘能力、抽丝剥茧的分析能力、逻辑严密的推断论证能力等。无论写什么文案，这些最基本的素养是不可缺的，只有具备这些才能写出独一无二的文案。

3.2.4　善于观察，做生活的有心人

创作的灵感来源于生活，只有善于做一个生活中的有心人，好点子才会从大脑中源源不断地涌现出来。

（1）宏观环境

我们生活在社会上，每天都会被各式各样的事情影响着，有的令人激情四射、有的令人潸然泪下，有的令人火冒三丈……而这些都可以成为我们策划内容的灵感来源。有了这样的基础，就能做一个有态度的人，写出有个性的文案。

任何一篇爆文，它都是有个性的。个性，是一个人在一定社会条件下形成的比较固定的特征，是内在思想、品质、行为、习惯等方面异于他人的体现。而写作的个性与创作者的个性息息相关，有个性的人写出的文案个性鲜明，异于他人，风格自成一体。换句话说就是，要想写出有风格的文案，就要结合当下的宏观环境，坚持正确的价值观、人生观输出。

比如，在对待动物的态度上，"合理利用、尊重保护"的观点是被大多数人所认可的。这样，写一篇拦截运猫车、救助流浪狗义举的文章是符合大部分人意向的，必定也会受到社会关注和赞美，但如果写一篇虐待猫狗、活取熊胆之类的文章，势必遭到抵制。

也就是说，一定是做一个有态度的人，能够结合目前的大环境、大形势去表达积极的思想、正确的观点和情感。不要做一个对什么都无所谓的人，否则你会觉得人生不值得，什么都不值得去写。

如果一开始不知道写啥，可以暗暗地问自己：我对这个世界的万事万物有什么看法？我有什么话想对这个世界讲？相信再小的个体，也可以迸发出无限的力量。

（2）微观环境

一天24个小时，除去睡觉的时间，我们每天有超过一半的时间是醒着的。在醒着的时间里，我们是在不断经历着的。工作学习、看电影、吃饭、跟人聊天、读书等，一天下来，睡前如果认真回顾的话，可以惊讶地发现，其实有很多东西可以写。

比如你今天在工作中被老板批了一顿，或者在学校时老师说你哪里做得不好，就可以简单写几百字复盘一下，避免下次犯同样的错误。

比如你看了一部电影或一篇文章，觉得讲得实在是太好了，就可以写篇小总结，把由此得到的启发记下来，从他人的故事中借鉴一点经验。

比如你今天碰到什么事，或开心、或生气、或难过，就可以写篇简单的心情日记回顾一下，把激荡你情绪的点找到，知道"原来我很容易受××的影响"，这样可以帮助自己更好地掌控情绪。

现如今大部分人的生活都很平淡，但却不是静若止水的。日常令我们情绪有所起伏的事情，都是生活的涟漪，这些都可以成为写作的对象。

3.3　策划文案选题应把握的4个度

3.3.1　尺度

创作文案的最终目的，是把产品推销出去，把受众吸引过来，尤其是广告文案就是为了宣传与推广，为企业和产品服务。因此，文案是有"诱惑性"的，诱惑消费者进行消费。

从这个角度看，诱惑性是文案的一大特征，没有诱惑性的文案也就失去了存在的价值。基于此，文案人员在构思文案选题、撰写文案内容时，就会有意识地加入一些诱惑因素，让文案具有诱惑力。然而，有些文案人员在打造诱惑性时用力过猛，不惜时时事事以诱惑性为导向，甚至违背人伦道德、社会公德、法律法规等。这样的文案，也许新鲜度是有了，但常常会被平台禁止，引发主流媒体的抵制。

案例 8

吃播类视频曾是非常火的一类视频，引流能力强，吃播类主播也非常受热捧。曾有媒体报道，一位吃播播主做吃播的两年时间里，累计收入有七八十万，推广找上门最多的时候，她一个月能有超过10万元的收入；某上百万粉丝级别的主播，只需要在直播中吃50人分量的食物，就可以获得来自商家的30万元收入。

一时间，吃播类视频火遍各大短视频平台，类似的视频非常多。有些主播为了求新求异，常以挑战超出常人的食量来博取眼球；有些主播甚至一人吃多人份粮食，而后又偷偷将食物吐出。这其实是变相浪费粮食，向大众传输了错误的价值观，这种现象遭到了央视的点名批评。与此同时，不少平台也纷纷抵制此类现象，抖音、快手等平台已经明确表态，平台坚决反对餐饮浪费，并积极倡导勤俭节约。一旦发现此类现象则做出删内容、封账号的处罚。至此，非常火热的吃播视频、直播彻底凉了。

"吃播"一词最早源于韩国一个网络真人秀节目，后传入中国。吃播早期的内容还是非常积极健康的，主要是展示一些地方美食或特殊的饮食文化。然而，随着越来越多的人介入，内容开始偏离，朝"大胃王"倾向发展，文案也非常具有诱惑性，比如，15分钟内吃掉36个粽子，一次吃下13斤拉面等。其目的是树立主播"大胃王"的人设，吸引流量，迅速涨粉。

在这个案例中"吃"就是诱惑性因素，曾经文案中只要带有"吃""大胃王"等关键词，就会得到大量关注，甚至被推上热门。其实，做关于吃的视频本身是没有错的，但要注意一个度，一旦超越某个度，美食就变了味道。以上案例说明，做文案策划无论写什么题材，一定要把握"尺度"，既不能没有诱惑力，又要把握好诱惑的尺度。

3.3.2　相关度

文案选题的相关度是指文案与粉丝需求的相关程度。文案内容必须与粉丝的需求高度契合，很多人写文案只关心自己的感受，只写自己喜欢的，结果就是写出的文案往往只感动了自己，粉丝看后毫无触动，原因就是没有兼顾到粉丝的需求。

所以，在文案策划阶段，文案核心宣传什么，对粉丝的价值在哪儿，粉丝能从中学到什么，这些都是文案相关度要解决的。

文案必须明确目标受众，结合目标受众需求去写，这是保证文案有效性的最基本的原则。只有明确了目标受众，写起来才能思路清晰、主题突出。

案例 9

假如写一款与咖啡有关的文案，首先要明确目标消费者及其内心想法。我们来分析一下：

对于咖啡，有的人关注味道，有的人关注提神效果，针对不同人的需求，文案的侧重点也不一样。

甲：女性小资，喝咖啡是为了享受夏日里的那一抹阳光，所以注重咖啡的味道。

乙：加班族，经常熬夜，喝咖啡是为了提神，因此十分注重提神效果。

对于甲这样的消费者，应该突出味道，文案就可以这样写，如图3-23所示。

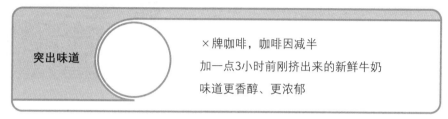

图3-23　关于咖啡突出味道的文案

对于乙这样的消费者，则应该突出提神效果，可以这样写，如图3-24所示。

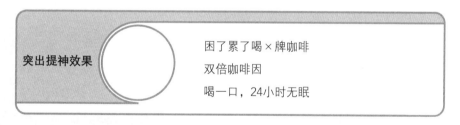

图3-24　关于咖啡突出提神效果的文案

由上述案例可以看出，面对不同的目标消费者，文案写法不同，可能还会大相径庭，正如案例中甲、乙两位目标消费者，由于需求不同，使得在写法上也有所不同，一个突出咖啡因减半，一个突出咖啡因双倍。假如没有对此进行明确，写出的文案不但无法促进消费者购买，还会起到阻碍作用。

3.3.3　热度

文案选题的热度是指与热点的相关程度。社会上的热点事件、新闻或话题，永远是优秀文案所青睐的。纵观那些经典文案，它们都善于借助热点话题或事件。热门话题、新闻事件具有非常强大的传播力量，将热门元素与文案结合，文案更具有话题感，能够提升视频热度。

在策划短视频文案选题时也要善于蹭热门，在文案中引用热词、热点事件等。当然，对于短视频而言，热点并非仅仅指热点事件，还包括热点音乐、热点现象。热点音乐比较好理解，就是指当下比较火爆的音乐及达人原声创作。

这里重点解释一下什么是热点现象。所谓热点现象就是从热点事件或话题中延伸出来的现象。它不单指某一个事件，而是代表一种趋势，持续性比热点事件、热点音乐会久一些。例如，很多人都在模仿李佳琦的话，无论卖服装的、卖课程的、卖房产的都在用，几乎成了带货的标配。

还有近两年来的"故宫热"，故宫频繁成为媒体聚焦的主角，比如，"紫禁城里过大年"展，唯美故宫雪景，都被人们津津乐道。而拍摄与故宫有关题材的短视频也很多，总能引发人们对故宫文化、故宫神秘感的讨论，如图3-25所示。

图3-25　与故宫有关题材的短视
频文案

但也要注意，不是什么热点都能跟，跟以下两个热点要谨慎。

（1）太过大众化的热点不宜跟

太过大众化的热点之所以不宜跟，原因在于关注度高，话语权常常掌握在权威媒体、官方媒体手中，平台推荐时也是优先推荐。当流量都被这些大号独占，你再拍摄类似视频反而会被压制。

比如，2020年大家都在关注的新冠肺炎疫情，这个事情牵动着每一个人的心，这的确是大热点。但这个热点不宜跟，因为权威、一手信息基本都掌握在专业媒体机构手中，例如，央视网、人民网及地方融媒体等，热点视频也大都出自这些官方账号。个人号或非专业媒体号的视频几乎被淹没，很难出头。

（2）政治热点不能跟

政治方面的视频，不是人人都可以传播的，除非是具有资质的媒体号。非媒体号可能会受到限制，尤其是个人号、企业号一定要避免在视频文案中出现政治元素。任何与政治挂钩的字眼都会被平台列入重点审核对象，审核标准异常严格，稍有不慎触碰红线还有可能被追责。

3.3.4　角度

文案选题的角度是指写作的视角，即站在谁的角度去写。短视频文案通常有3种写作视角，分别为创作者自身、被陈述对象、第三者，如图3-26所示。

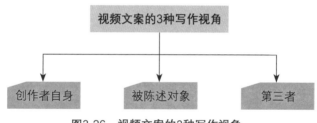

图3-26　视频文案的3种写作视角

以装修为例，从以上3个视角入手是什么效果呢？从创作者自身的角度，可以从装修从业者的视角直接写，如《一个老设计的经验之谈：如何将50平方米的房子装出80平方米的感觉》；也可以从被陈述对象的角度去写，如装修材料，《你不知道的硅藻泥的8种用法》；还可以从与两者不相关的第三者视角，如媒体、同行、厂商、销售商家等，《媒体开放日|见证2号线车站装修设计之"美"》。

任何一个文案都可以选择这3个不同的视角去写，当然，3个视角没有孰优孰劣之分，完全需要根据实际情况而定。因此，在策划文案时要结合视频内容、目标用户等实际进行分析，确定选择哪个视角最优。

接下来就结合3位美妆带货主播的视频文案来分析一下，尽管都是带货，最终目的都是把产品卖出去，但文案的写作视角则完全不一样。

（1）适合以创作者自身视角来写的情况

以下是图3-27所示的文案：

"今天香奈儿搞活动，意大利的化妆师，等了一个小时蹭了一个妆，卸妆前记录下来。"

该文案是在描述主播参加一场活动的经历，并且体验著名化妆师的"妆"，因此文案采用创作者自身视角去写，着重表达自己内心体验。

综上所述，以创作者自身视角来写的情况，适合描述亲身经历，或与自己有较强关联、带有较强体验的情境，多采用第一人称写法。

（2）适合以被陈述对象的视角来写的情况

以下是图3-28所示的文案：

"香奈儿泡泡粉底液，水润清透不油腻。"

该文案是在客观描述一件产品。客观地描述一个事物或陈述一件事情时，适合以被陈述对象的视角来写。比如，介绍一个产品，可围绕产品的特色、产地、价格、品牌影响力及其他优势等来写。

（3）适合以第三者的视角来写的情况

无论是人的视角，还是物的视角都会给人一种"老王卖瓜，自卖自夸"的感觉。为避嫌可以找一个更客观的角度来写，即第三者。用第三者的眼光来看待、评判，从而客观地描写。

以下是以第三者的视角来写的文案，如图3-29所示：

该文案是站在消费者的角度去评价产品的。描述一个产品时，如果一直在夸耀自己的产品如何好，很难有那么强的说服力。换个角度讲，如果站在消费者的视角，现身说法则会显得更客观，容易让同为消费者的观众产生购买冲动。

不过，需要注意的是，从第三者角度去写，在文字表达上不能有强烈的情感倾向，避免过多地发表个人观点。

图3-27 香奈儿短视频 　图3-28 香奈儿短视频 　图3-29 以第三者视角
　　文案案例1 　　　　　文案案例2 　　　　　来写的文案

3.4 策划系列文案选题的4个基本要求

3.4.1 选题系列化

所谓选题系列化，是指基于同一主题、同一风格、同一结构而撰写的，超过一个以上的创意组合。它与单个文案相比，在创意上表现力更强，传播上持久性更长、更有效，同时也能兼顾多种媒介平台的差异性。

纵观一些经典广告文案，也多是以系列的形式出现。例如，百威啤酒不变的"蚂蚁"系列，海王银得菲"喷嚏尴尬"系列，南国奥园（南国奥林匹克花园）"运动就在家门口"主题系列等。

案例 10

凡是百威啤酒的广告总是少不了蚂蚁的形象。谈及百威啤酒的广告，国内的消费者头脑中最先出现的是关于蚂蚁的系列广告，甚至很多人觉得蚂蚁系列广告就是百威啤酒的代名词。

特别是北京奥运会期间，百威啤酒的8只蚂蚁电视广告给人留下了深刻印象。当时，百威啤酒是唯一一个国际品牌啤酒赞助商，推出了8

只蚂蚁迎奥运，用生动诙谐的手法描述了一群小蚂蚁喜迎北京奥运的故事，再度显现"啤酒之王"的不凡创意。

百威啤酒为什么热衷于使用蚂蚁的形象？最重要的原因就是打造系列广告，以在消费者心中形成稳定的形象。

内容选题要有深度，但要想做出有深度的选题，最佳方法就是将一个领域或一个分支小点用多个系列来深度报道。这又叫系列文案，一方面可以尽可能地将内容做得丰富优质；另一方面也可以为做其他视频内容做铺垫。

对于短视频而言，更需要高质量的系列文案，原因在于短视频账号更强调账号的权重。而决定账号权重的一个主要因素，就是该账号下各个短视频内容的垂直度，内容垂直度越高，账号权重越大。假如能策划一套系列文案，就比较容易形成高度垂直的短视频内容。

案例 11

卡地亚是法国著名珠宝、钟表制造商，享誉全球。随着短视频的日益普及，卡地亚也十分注重在短视频上推广自己的品牌。其官方抖音账号"@卡地亚Cartier"在2021年新春来临之际，推出了手链、项链、腕表特别款，并在抖音短视频发布相关短视频。其文案就是一组系列文案，如图3-30所示。

图3-30　卡地亚系列文案

文案风格高度一致，重在表达团圆、牵挂、爱与希望等情感。红色、祥云等中国传统元素贯穿其中，可以说非常契合大多数国人过新年的心理。

3.4.2 选题结构化

系列文案是多个文案的集合，但文案与文案之间不是孤立的，更不能随意组合。它必须以一定形式有规律地组合在一起。这个规律就是结构，保证文案与文案之间是有组织、有系统的，按一定的层次进行排列。

选题结构化是系列文案的一个最基本要求，但要想做出结构完整的选题，需要先知道什么是结构化。所谓结构化是指将欲撰写的若干个文案加以归纳和整理，使之条理化、纲领化，做到纲举目张。

下面来看一个案例，这是长城葡萄酒的一则广告文案。

案例 12

"三毫米的旅程，一颗好葡萄要走十年"，这则广告文案描绘出一幅幅美丽的画面，生动形象地传达了长城葡萄酒从选材到生产的一系列过程，一切仿佛就在眼前。而最让人感动和心动的就是广告的结构和立意。

很多人初看文案标题"三毫米的旅程，一颗好葡萄要走十年"，就能感受到制酒人的真诚与辛勤，立马就深化了长城葡萄酒的境界，对它有了新的认识。除此之外，还有一系列疑问，"为什么好葡萄，三毫米要花十年？""这三毫米又是什么意思呢？"

于是，文案紧接着就开始解答这些疑惑，从葡萄园、气候、糖度和酸度、酿酒过程等多个方面，一步一步地介绍，目的就是引导粉丝继续看下去，文案全文如图3-31所示。

有了这一步的精心营造，再落脚在品牌广告语"天赋灵犀，地道好酒"上，这时，很多人豁然开朗，同时也会觉得这8个字简洁稳重、大气开阔。

三毫米，瓶壁外面到里面的距离，一颗葡萄到一瓶好酒之间的距离。

不是每颗葡萄，都有资格踏上这三毫米的旅程。

它必是葡萄园中的贵族，占据区区几平方公里的沙砾土地；

坡地的方位像为它精心计量过，刚好能迎上远道而来的季风。它小时候，没遇到一场霜冻和冷雨；

旺盛的青春期，碰上了十几年最好的太阳；

临近成熟，没有雨水冲淡它酝酿已久的糖分；

甚至山雀也从未打它的主意。

摘了三十五年葡萄的老工人，耐心地等到糖分和酸度完全平衡的一刻才把它摘下；

酒庄里最德高望重的酿酒师，每个环节都要亲手控制，小心翼翼。

而现在，一切光环都被隔绝在外。黑暗、潮湿的地窖里，葡萄要完成最后三毫米的推进。

天堂并非遥不可及，再走十年而已。

图3-31 长城葡萄酒的一则广告文案

可见，在策划文案选题时，做好结构安排直接决定着文案的质量。那么，常见的结构有哪些呢？常用的有以下3个。

（1）步步诱导式

步步诱导式结构最容易引起粉丝的兴趣，字里行间的逻辑是环环相扣、层层递进的，从现象到本质，由表及里。

图3-32所示为步步诱导式结构逻辑示意图。

需要强调一点，在利用这种结构进行选题策划时，要特别注意每层意思的前后顺序、层次关系。

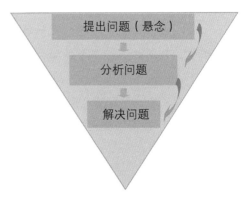

图3-32 步步诱导式结构逻辑示意图

（2）并列式

并列式结构较为简单，对逻辑关系没有太高要求，只要将想要表达的各个部分分别叙述，平铺直叙即可。这种结构一般要求有一个大主题，同时需要有从多个方面进行论证的分主题，且各方面之间不分主次，相对独立。图3-33所示为并列式结构逻辑示意图。

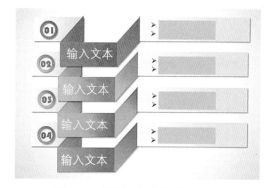

图3-33　并列式结构逻辑示意图

运用这种结构，可将各个部分处理得很有条理，将一个问题从不同角度、不同侧面阐述透彻，更有利于粉丝阅读和理解。

（3）对比式

顾名思义，对比式结构即文章由正反两部分组成，且两部分分别代表两种截然相反的观点。在构思这样的文案结构时，一定要注意必须有正反两方面，形成鲜明的对比，且经过对比突出正确的一方面，从而印证文案的主题。

对比式结构通常用在议论文中较多，常规的写法是针对需要论证的文案话题，先从正反两方面分析问题，然后提出解决问题的对策，或者分析二者的关系，最终给出自己的看法。对比式结构逻辑示意图如图3-34所示。

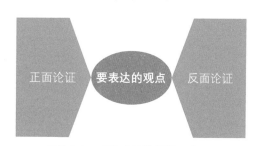

图3-34　对比式结构逻辑示意图

3.4.3　选题细分化

策划系列选题的第三个基本要求是将选题细分，这也是策划系列选题最常用的方法。很多人觉得自己的文案立意很新，但就是不受欢迎，其实这与不善于细分有关。不善于做细分领域，再好的立意也写不出有吸引力的文案。

案例 13

抖音上有很多介绍Office、Excel、Word等办公软件使用技巧的视频，众所周知，这些软件在办公软件中本身就是一个很小的门类，但这些账号还可以对其进行细分，将每个用法制作成一个小视频，分条分析，这样显得"干货"满满。

"Office办公技巧"就是这样一个账号，由于能真正满足一部分人的需求，拥有近200万粉丝，如图3-35所示。

图3-35 "Office 办公技巧"抖音账号

其实这就是选题细分化的典型做法，设想一下，假如笼统地做"办公软件使用技巧"类视频，办公软件范围很广，容易出现与粉丝需求不吻合的情况，从而导致视频尽管做得很精良，关注度往往也很低。

围绕一个领域进行深度挖掘，把内容写精、写细，写到极致，做出特色，让其成为同类"头牌"，就能写出与众不同的文案，吸引更多用户的关注。

在对选题进行细分时可以分两步来实现，先确定内容大方向，再找准细分领域，从多个非常小的切入点入手。

（1）确定内容大方向

做内容细分需要先确定内容大方向，即细分内容需要围绕什么进行。当确定内容大致范围后，选题基本方向就明确了，便于下一步工作的展开。

（2）找准细分领域

确定内容大方向后就要找准具体入手的细分内容。因为大方向内容有很多，只有细分内容才能形成差异化，给观众特定认知。这就要求在确定大方向内容的基础上，开动脑筋，认真分析，善于思考，努力不落俗套，给粉丝以别致的、眼前一亮的感受。

3.4.4 选题场景化

策划系列选题的第四个基本要求是场景化。文案一定要有场景，系列文案更容易营造场景，让粉丝看了之后，头脑中立马呈现出某个特定的场景，触景生情，从而加深对关联品牌或产品的印象。

短视频文案对应的是有图、有"真相"的视频，结合音频的方式来呈现，因此对场景要求更高。有一个具体的场景，就能给观众更直观的感受。比如，视频想要表现一款香水，那么文案中就需要营造出这款香水的使用场景。

什么是文案选题场景化？我们可以简单地理解为将时间、地点、人物元素以及发生事件之间的相互关系聚焦在一起，变成可视化的画面。

以直播达人李佳琦为例，我们来分析一下场景化的重要性。

案例 14

李佳琦之所以被称为"口红一哥"，是因为他在向粉丝推销每款口红时，非常懂得用文案营造场景，把粉丝带入使用场景中，让其头脑中产生一种或高端、或浪漫、或时尚的画面。图3-36所示是截取的李佳琦抖音短视频的部分文案："涂了这支口红你就是樱花少女，让你看起来非常嫩。""秋冬天拥有这支口红，你的嘴巴是水果。"

图3-36 李佳琦抖音短视频部分文案

寥寥几字就勾勒出非常强的画面感，尤其是"樱花少女""嘴巴是水果"等关键字，不仅将口红的效果描绘得非常形象，还让人浮想联翩。

那么，如何写出富有画面感的文案呢，可按照图3-37所示的4个要点去做。

提炼独特的观点　1

设置反差较大的形象　2

埋置情绪"诱饵"　3

善于描写细节　4

图3-37　写出富有画面感文案的4个要点

（1）提炼独特的观点

独特视角、独特观点可以赋予文案极强的生命力和穿透力，让每个字都像针一样扎进用户的心中。

比如，大多数文案人员对文案写法的常规理解就是只要具备人物、情节、环境等要素即可。然而事实是，具备这些要素只能保证你写出一个完整但平庸的文案，不足以打造成能打动人心的文案。

案例 15

假如要为健身房写一则宣传文案，按照人物、情节、环境等常规写法来写可能就是：

①Lucy，24岁，体重140斤，健身1年，减掉50斤。

而要写出一个富有场景化，能勾起目标消费者健身欲望的文案，则要这样写：

②Lucy，24岁，2019年体重140斤，绰号"胖妞"；2020年，体重90斤，人称"女神"。

从文字层面上看，两则文案都具备了文案应有的基本要素，但文案①较之文案②缺少了独特的视角——一个能带动用户感受减肥前后差别的"场景"："胖妞"和"女神"带来的人际交往之别。

不痛不痒的叙述只能写出普通文案，而有独特视角、尖锐扎心的观点，才能赋予文案穿透力，打造出一个场景丰富的文案。而视角选择、观点的锐度则源于善于洞察、善于思考，从哪怕是一个普通事件中看到其他人看不到的东西。

（2）设置反差较大的形象

一个一本正经、工作认真的大叔，与一个穿粉色卡通T恤的一本正经、工作认真的胡茬大叔，哪个更容易吸引人的注意？显然，后者更容易成为社交话题。

反差所带来的惊喜、萌感、泪点、新鲜感，可以让故事文案变得妙趣横生。在网络信息泛滥的今天，平庸的信息难逃被消费者的大脑过滤掉的命运，而具有反差设定的故事则能触动他们。

案例 16

东京电视台曾有一组介绍参选议员的文案，一段时间非常火：

有骨气却患有骨质疏松，创办了旅游杂志自己却弄丢旅行护照，倡导取消宠物安乐死但自家的宠物差点离家出走……

为什么这组文案会让人觉得很有趣？稍加分析就会发现，文案中都使用了"反差人设"这一技巧。这些文案都是以一个严肃、宏大的设定，对比一个轻松、生活化的设定，形成较强的反差，让故事人物更加立体，布满槽点，更容易引发公众讨论和传播。

平面化、脸谱化的形象大家早就司空见惯，反差感则会给人惊喜。

（3）埋置情绪"诱饵"

场景化文案之所以能够轻而易举地打动粉丝，往往不是因为有跌宕离奇的情节，而是因为人情味儿的情绪。因此，打造场景化文案不可忽视的一点就是，在写作时多埋下几个情绪"诱饵"，诱导粉丝产生情绪投射，产生代入感。

（4）善于描写细节

对细节的描写，就是让文案拥有镜头感。充满细节的文案自带"镜头感"，更容易被用户的大脑接收，感染力也会更强。如何才能写出有"镜头感"的文案？其中一个技巧是在文案中描写容易激起粉丝感官反馈的细节，让文案更鲜活。

案例 17

长安汽车在抖音视频的一组品牌海报中，通过讲故事的方式，勾勒出一群形象各异的用户，交警、快递小哥、老板、业务员，通过各自在岗位上的工作细节，表达出守护幸福的主题，让人物形象和故事变得真实起来，如图3-38所示。

这类充满"镜头感"的文案充分调动了粉丝的视觉、听觉，令人难以忘却。

图3-38　长安汽车抖音视频
品牌海报文案

第**4**章

拟写标题文案：好标题能第一时间吸引注意力

短视频贵在一个"短"字，要求必须在最短时间内，以简短的文字把意思表达清楚。因此在标题的拟写上要开门见山，直奔主题，直接体现结果。一个好的短视频标题可以瞬间吸引粉丝关注，也是与其他短视频争夺用户的利器。

4.1　标题，一句话的力量

有很多人在发布短视频时不写标题，这是没有意识到标题的重要性。对于短视频而言，标题非常重要，是不可分割且必须有的一部分。一个完整的短视频，其他部分的文案可以没有，但标题文案必须有。

短视频的标题常常处于短视频的最下方、最明显的位置。以快手短视频为例，如图4-1所示。

一个好的短视频标题文案能起到点石成金、事半功倍的作用，直接决定着视频的播放效果。纵观那些没有标题文案的视频，播放效果往往都很差；而同样类型的视频，标题文案质量不同，也会使播放量、点赞量相差很多。

1 播放　2021-01-12 17:51

快意人生 🖊：人这辈子不要奢求太多，健康地活着，平淡地过着，开心地笑着，合理地忙着，就是一种幸福。

🎵 把快乐还给我好不好(剪辑版)

⊙ 北京市 珠江国际城别墅

图4-1　短视频标题文案的位置

案例 1

下面两个视频都是关于"下雪"的题材，但由于标题文案质量水平相差悬殊，短视频的播放效果完全不同，如图4-2、图4-3所示。

图4-2的标题文案只配了"漫天飞舞"4个字，该文案单调、平淡无奇，而且毫无新意，无法体现视频的特色。而图4-3的标题文案"今天，毕节城区飞雪如约而至，快过年了，你要回家了吗？"则非常有代入感，通过塑造回家过年的场景，使这场雪具有思乡、团聚的味道。

图4-2 关于"下雪"题材的   图4-3 关于"下雪"题材的
视频截图1   视频截图2

4.2 短视频标题文案的4个特征

4.2.1 精练性

较之其他文案，短视频标题文案创作是非常具有挑战性的，因为短视频文案既要注意篇幅短的问题，又要兼顾搞笑、紧凑、节奏等细节。

对于短视频标题文案而言，篇幅必须短小精悍，并且还要能完整地表达所要表达的意思。一个优秀的短视频标题文案，读者只需花1分钟，甚至几秒钟的时间，就可以读懂。不要低估短视频标题文案的创作，尽管其篇幅很短，但是对于创作人员来说则需要花大量时间和精力，平时的沉淀和积累也是很多人难以企及的。

优秀的广告文案，篇幅往往都很短，寥寥几字却意味深长。例如：

百度外卖广告文案"酸甜苦辣都是滋味，每顿饭都值得被用心对待。"中国首档烧烤节目《人生一串》文案"没有烟火气，人生就是一段孤独的旅程。"

短视频标题文案与广告文案一样，都贵在一个"精"字，往往只需要一两句话来表述，字数控制在10～20个字最佳。

4.2.2 真实性

真实性是短视频文案的生命所在、力量所在。现如今，各大短视频平台充斥着很多大大小小的广告，文案质量良莠不齐，含虚藏假的也非常多。虚假文案也许今天、明天能得逞，但大众的眼睛是雪亮的，久而久之就无人再信。

案例2

曾有一个美食博主，拥有几百万粉丝，平常也会进行直播带货。然而，由于其拍摄的是虚假视频，最终被粉丝唾弃。因她经常与另一个人以"夫妻"的名义出现，后来人们发现他们是对假夫妻，这件事情之后，她便开始掉粉，每次发的视频很少有人关注。

还有一个拥有千万粉丝的大V，这位大V每个视频都会亲自出镜，并带着自己的母亲，由于这些视频非常接地气，给人一种真实感，所以能迎合大部分人的情感需求，深受粉丝喜欢，其粉丝一度达到千万。然而，她的视频在更新了一段时间后，主人公突然换成了另外一批人。虽然视频的表现形式未变，其中也不乏熟悉的面孔，但给人的感觉终究是不一样了。因为从这件事情上，大众感觉受到了欺骗，无论之前的视频，还是更换后的视频，都让人觉得是虚假的。

短视频文案的目的是宣传视频中的企业、品牌、产品，或带货，并说服、劝导粉丝产生相应的消费行为。因此，短视频文案必须以真实性为原则，如果违背了这个原则，写出来的文案不但毫无生命力和价值，还可能引发粉丝对企业、品牌、产品以及博主本人的怀疑和不信任。

因此，短视频标题文案要想富有吸引力首先要坚持真实性原则，不装腔作势、哗众取宠，不可有误导消费者之嫌，这是好文案的立文之本。那么，如何体现真实性，让粉丝产生信任呢？下面介绍两个技巧。

（1）加入真实的数据

在文案中加入一些真实的数据，能提高文案的可读性、可信度。例如，乐百氏将"27层过滤"用作主标题，乐百氏的"27层过滤"便在消费者的想象空间中制造了一个纯净的蓝色梦幻。

（2）结合新闻或影响力较大的社会事件

结合新闻或影响力较大的社会事件去写，也是提升真实性的一种不错的方法。例如，2019年女排世界杯期间，中国队打进决赛，并夺得冠军，国内多家企业就抓住这一事件大做宣传。

4.2.3　故事性

短视频的标题文案要具有故事性，即通过文字讲述一个有血有肉的小故事，将文字故事化，以故事为引子，吸引粉丝去看完视频。现在很多标题文案都是以故事的形式写的，围绕一个事件或即将发生的事情展开，虽然没有具体展开，但能令人对剧情产生想象。

结合产品，以人物和事物为出发点，一句去广告化的文案标题，说出一个极度吸引人的小故事，让粉丝情不自禁往下看，这是故事式标题的魅力所在。故事式标题对文案质感的提升有着非常重要的推动作用。那么，故事式标题文案应该如何写呢？以下两个方面需要特别注意。

（1）相对完整地表达一个意思

从理论上讲，一个完整的故事必须包含人物、时间、事件和结局四个要素，但故事式标题受字数限制，很难完整地体现出来。但既然是故事，就必须具有故事的特征，一定要能表达一个相对完整的意思。

最基本的一个模式是：人物 + 事件，即什么人做了什么事。如《那些年，我走过的弯路》《两个不懂红酒的家伙干了些什么》。

（2）设置冲突和矛盾

短视频的标题文案虽然很短，只有几个或几十个字，但也应多设置一些冲突和矛盾、大跨度、反转、混搭等，以保证故事有足够的吸引力。也就是说，标题中要有情节波动，不能过于平淡，平淡无奇的故事是没有人愿意看的。

例如，某品牌空调文案：一开口就容易冷场。（反转）

某品牌的广告文案标题：一个不识五线谱的人，弹得一手好钢琴。（混搭）

某品牌山茶油的广告文案标题：看完这段文字后，你就会闻到山茶油的味道。除了伊拉克，还有另外一个地方局势由于油而紧张。（大跨度）

4.2.4 话题性

文案中引入某个话题，可以有意识地引导粉丝互动，因为只有话题才能激发粉丝参与的激情，从而大大提升视频的浏览量、点赞量和转发量。

例如，抖音官方经常会发起一些热点话题，这些话题会引发大量的大咖、网红或名人参与。假如你在拍摄视频时，能结合这些话题，势必会提升视频内容的热度。

案例 3

抖音曾发起过一个"踢瓶盖挑战"的活动话题。这一活动引发了大批人参与。一众艺人的加入，将这次挑战赛推上 37.7 亿次播放量，如图4-4所示。

活动期间有一个账号为"@玲爷"的女孩格外引人注意，成为涨粉最快的参与者之一，一条踢可乐瓶的视频，就给她带来粉丝100余万。

此后，她连续发布多条视频，从最初的踢可乐瓶瓶盖，到后来的踢风油精瓶瓶盖、踢螺丝帽，后来又改穿高跟鞋来踢。总之，每条视频都很惊艳，难度和欣赏性都不断增加。不但真正诠释了什么是挑战赛，而且还一直在挑战着广大粉丝的认知底线。

图4-4 抖音"踢瓶盖挑战"话题活动

为了充分利用"踢瓶盖挑战"这个话题，她还将话题硬性嵌入每条视频的标题文案中，以增加视频曝光度。这些视频使她的粉丝量大增，截至2020年2月，粉丝已经超过1200万人，点赞量达1.5亿。自身的知名度和影响力也随之扩大，在动作类短视频领域成为知名博主。

可见，要想吸引粉丝离不开话题。抓热门话题非常重要，话题的作用主要表现在3个方面，如表4-1所示。

表4-1　文案中植入话题的3个作用

话题的作用	详细解释
引流	热门话题流量相对较大，即使主题本身与内容不太准确，因为热门主题的流量非常大，在账号的冷启动阶段也会带来良好的流量
内容输出的前提	做短视频营销，最基本的要求就是持续稳定地输出内容，而内容持续输出的前提是一定要有自己的话题
确定视频主题	话题也是主题的意思，适当的主题可以帮助系统准确定位视频的内容，推荐更准确的粉丝，使账号在冷启动阶段获得更好的开始

当然，话题也不能随心所欲地找。一般来讲需要注意以下3点。

（1）与视频内容调性相吻合

话题要与视频内容调性相吻合，目的是能最大限度地体现视频的优势。关于这一点不再赘述，选择的话题不合适，对视频内容的提升是十分有限的，甚至会起到反作用。

（2）话题要不断更新

一般来说，短视频账号的内容三四个月就会迭代一次，对于用户来说，可能今天特别喜欢这个账号，但是连着十几天看这个账号的视频，用户的兴趣也会下降。所以如果加上账号本身的内容比较单一的话，就非常难突破。

（3）打造话题矩阵

所谓话题矩阵就是对话题做各种级别的划分，通常可分为S级、A级以及突

发状况级别。

S级话题，一般是容易引起粉丝共鸣或者具有讨论价值的热门话题；A级话题是日常性质的话题，用作与粉丝的日常互动；突发状况级别的话题是根据粉丝特殊需求，或者特殊节日，或者其他特殊情况而定的话题。

每天更新的视频也会有不同的任务目标。比如，周末一般是目标受众活跃度比较好的时候，所以S级话题就会放在周六或者周日上午来更新；周二、周三是粉丝活跃度比较低迷的时候，就会放其他级别的一些话题来更新。

4.3　拟写短视频标题的5个技巧

4.3.1　从逆向情感出发

只有用户对这个内容好奇、感兴趣才能触发用户点击视频的欲望，这样才能达到播放视频的目的。那么如何通过标题让用户产生好奇心呢？最有效的方式就是利用逆向情感。

逆向情感可理解为正面情感的逆反式，即用一种有违常人思考或理解的思想、观点去激发人的反向心理，从而吸引注意力。人都有反向心理，如蹦极、过山车，很多人正因为害怕才想去体验；世上本没有妖魔鬼怪，正因为不信才想去看、去听，想尽一切办法去多了解。这种心理也体现在阅读上，当有文案能够激发起人的反向心理时，反而更容易获得关注。

因此，在写短视频标题文案时也可以利用这种心理，善于拟写"反情感"标题，抓住人的痛苦、害怕、好奇等不良情绪，换个角度去写，给人留下更为深刻的印象。

拟写逆向情感的标题可以从以下两个方面进行。

① 与正面的情感做对比，让粉丝产生"惊奇"感，产生一探究竟的欲望。对于这一点，可以概括为八个字：正话反说，反话巧说。也就是说，要善于从反面视角，即违背常人逻辑思维的角度去看待、分析问题，得出不一样的结果。当然这个结果不能违背常理，相反还要能获得更多人的认同。

② 用一些 "警示性" 的字眼，引发人们的警惕、恐惧之心。惊悚、恐吓心理是反向情感下产生的一种典型心理，这也是很多人明明害怕恐怖电影、恐怖小说，却又爱不释手的原因。因为人人都有猎奇之心，有探索未知领域与事物的欲望，对于惊悚、浮夸、刺激的东西往往会产生挑战的心理。

文案中可以使用一些看似 "权威性" 的话，让粉丝在第一印象上产生恐惧、害怕，但却又因为神秘和好奇不得不去观看。

值得注意的是，逆向情感与正面情感虽然是两种截然相反的情绪表达方式，但不能沿着负面情绪这条线走下去，以宣扬负面情感为目的，最终还要与正面情感趋向同一终点，使负面情绪得到转化、改造和澄清。

4.3.2 善于做比较

"比" 是人的一种心态，有比较才有鉴别，有比较才容易做出选择。如一些高档的商城、商厦，为什么喜欢将高、中、低档商品陈列在一起？其目的就是通过对比，突出产品之间的差距，以达到相互衬托的效果。

有对比、有冲突才能有噱头，基于这种思路，在拟写短视频标题时也可以采用对比式。即在两个和两个以上相对或相近或特定的人或物之间做对比，让粉丝发现不同事物的优势，促使粉丝自己判断，做出最终选择。

例如，某护肤品的文案："别人是老样子，你是样子老。"这个文案采用的就是对比法，通过对比，不但突出了产品特色，还朗朗上口，易于记忆。

在这里有一点需要特别注意，那就是对比对象的选择。对象选择不到位，对比效果就很难显现出来。不同的对比对象之间，比较的方式也不一样。

在选择对比的对象上，可以按照以下两类进行。

（1）相对的事物

相对事物之间的对比，是正反两个事物决裂式的比较，不存在任何交叉和重叠。也就是说，选择A就必须放弃B，选择B就要放弃A；肯定A就要否定B，肯定B就要否定A；选择A会产生什么结果，选择B又会产生相对的另一个结果。

（2）相近的事物

高露洁为突出新推出一款牙膏的美白功能，就采用了相近事物之间的对比，对比对象是冷光美白，文案如图4-5所示。

冷光美白是一种牙齿美白技术，是使用冷光灯，经过特殊光学处理，照射到涂有漂白剂的牙齿上，促使漂白剂快速反应，达到漂白的效果。这个技术的直接效果是美白，高露洁这款牙膏也恰恰以美白功能见长，两者的功能相同，因此属于相近的事物。

4.3.3　精准抓住粉丝需求

短视频文案能否真正地吸引粉丝，并实现为视频引流的目的，关键在于能否抓住粉丝的需求。一个人只有在有需求的情况下，才会看你的文案，并进一步关注与文案有关的视频。

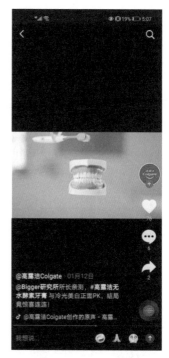

图4-5　对比式文案范例

例如，智能手机等电子产品对眼睛的危害众所周知，然而，仍有很大一部分人放不下手机。如图4-6所示文案就是针对这种情况的人而做的呼吁：放下手机，让眼睛休息一下。这条信息就迎合了很多人的心理，从而变得非常有价值。

抓住粉丝需求，直接提供有价值的信息，直击粉丝痛点，让粉丝从标题中直接获取自己所需要的信息，打消粉丝的某种疑虑。

抓住粉丝需求，直击粉丝痛点，也是短视频创作的前提，只有了解了粉丝的痛点，找到了粉丝的痛点，才更容易从粉丝的角度出发制作出粉丝所需求的短视频。那么，我们给视频起标题的时候顺其自然地带出粉丝痛点，这样的标题也就很容易吸引粉丝点击了。

那么，具体应该如何做呢？可按照以下3个方法去做。

图4-6　抓粉丝需求的文案

（1）明确需求

抓需求首先是分析需求，明确需求，在明确需求的前提下将需求体现在标题中。以购物为例。假如要为一个购物网站写短视频文案，首先需要分析一下，短视频消费者在购物时首先会有哪些需求。需求也许有很多，但绝大部分人只有一个"刚需"：追求物美价廉。这也是大多数商家在短视频平台上做宣传、推广一直在强调的。

因此，撰写短视频标题文案必须抓住以下两点，重点去体现：第一，产品一定要价低，比实体店、电商平台，以及其他平台所售的价格要低。在大多数人眼中，价低是短视频平台卖货的最大优势，很多人选择在短视频上消费正是看中了价格低。第二，质量有保证，是真货。短视频的产品假货横行，尤其是直播带货中，很多带货主播已经因卖假货而声名狼藉。

图4-7　关键词植入性文案

（2）植入价低质优的关键词

在文案中植入若干个与产品质量、价格有关的关键词，比如，便宜、优惠、折扣，以及免检、安全有保障等，这些词对粉丝内心的触动往往都很大。如图4-7所示的文案就是这样的例子，文案如下：没有任何套路，就是便宜！错过后悔！

（3）直接言明既得利益

直接言明既得利益，目的是让粉丝知道可以获得什么好处，获得什么利益。如在介绍一款产品时，可直接写其价格，活动价、优惠价、折扣价以及能省多少钱等。图4-8所示的文案就是这样

图4-8　在文案中直接言明既得利益

的例子。

文案如下：1月30日土鸡蛋1元1盒，通州下单30分钟配送到家！

4.3.4　多用提问句

提问，是社会交往中很常见的一种活动。如何使对话按照自己计划的进程发展，使社交对象说出自己想要得到的回答，很重要的一点取决于人们提问的技巧，这也是口才的表现。

在文案中也可以使用问句，它可以最大限度地激发粉丝的好奇心，引导粉丝去看视频。短视频中有很多文案采用提问式，例如，"你知道多少生活小技巧？""你大学读的是什么专业呢？""这辈子最想听谁的演唱会？"等等。

案例 4

　　"一禅小和尚"是拥有千万粉丝的励志账号，每个视频文案都能切中粉丝内心，将话说到心坎上。而他最善于运用的方式就是提问。他的账号中很多视频的标题文案都是提问式的，如图4-9所示。

图4-9　短视频上提问式标题
文案

这条视频标题文案用的就是提问的方式，让粉丝在看到视频的第一眼就有

"互动"的欲望，不禁自问这是怎样一个故事，什么关系才最让人安心。其实看完整个短视频就会知道答案，原来是一段真心独白，讲的是人与人之间最舒服的一种关系：不是随叫随到，每天都聊……而是彼此信任，彼此牵挂。

那么，如何更好地拟写提问式标题呢？这就需要掌握一定的提问技巧，常见的提问方式有5种。

（1）封闭式

封闭式提问是指只需要对所提的问题说出"是"或"不是"、"有"或"没有"等答复的问句。如《你知道你的滴滴里程可以做一件令人羡慕的事吗？》。

这种提问方式的特点是快问快答，优势在于能让对方更直接地获得某些特定的信息。同时，劣势也很明显，比如，语气比较强硬，威胁性较大，容易让对方感受到隐私被挖掘的危险。

（2）选择式

选择式提问是先提出自己的意见或建议，同时给对方特定的答案，让其在这个规定好的范围内做出选择。如《高温？大雨？我们都要约！》《众筹，到底是骗子还是创新？》等这类提问本身就隐含着答案，某种程度上是迫使读者在两者或多者中做出选择。

由于选择式提问的标题中已经隐含了答案，也就是内容中想要反映的问题，因此，也能吸引想了解这些方面的读者关注。但是，这种标题也会给人以一种强迫的感觉，因而在运用时，也应注意分寸。

（3）强调式

强调式提问的标题中，虽然也是采用提问的方法，但是却只有一个答案，并且不是为了得到对方的答复，而是旨在强调一个观点或立场。

如标题《一键就能呼叫iPhone7，你还在犹豫什么？》《如果有70万巨款在你面前，你会选择行动吗？》。从标题看可分为两部分意思，前半部分点出既得利益，后半部分设问，无论怎么问都是为了强调前半部分。

（4）借助式

借助式提问即借助第三者来改变或影响对方的一种提问方式，如标题

《〈十一旅游大数据报告〉吃货们都去哪儿了？》《这些明星大咖用过的，真的不值得你试一下吗？》。

运用这种提问方式拟写标题时，"第三者"的选择非常重要，最好是读者所熟悉，或者是在大众中权威度比较高、有重大影响的人或机构。否则，标题的吸引力就会大打折扣，很难影响到对方。

（5）诱导式

诱导式提问指的是，根据提出的问题，启迪对方去思考，或者给予暗示，激发对方的需求，把对方的思路引导到自己的思路上来。这类问题可以逐步减少读者选择的余地，从而在已经设计好的答案中做出选择。

如标题《究竟是什么新功能让小伙伴们赞叹不已？》《建筑业营改增后，如何开具发票？》，一看标题就知道，其内容中肯定已经给出了答案，读者需要做的只是点击进去了解内容即可。

标题的新颖之处就在于可以勾起用户的观看欲望，那么如何勾起用户的观看欲望呢？最直接的方法是拟写疑问式标题。从表达效果上看，提问除了有设置悬念的作用外，还有引起他人注意、引出话题、自我解嘲、启发读者思考等作用。

4.3.5　化用法

化用又称为借用、套用，即将名言、成语、谚语、俗语以及他人作品中的句、段化解开来，根据表达的需要，再重新创意，灵活运用，形成一个有机的整体。

谚语、俗语、成语、名言、歌词等这些脍炙人口的话，流传度高，影响范围广，有的甚至传承了千百年，不但蕴含着诸多哲理，而且极易被大众认可。

我们来看下面几个例子，如表4-2所示。

表4-2　化用法示例

品牌或产品	文案	化用语句
某理财产品	是金子总会花光的	化用的是俗语"是金子总会发光的"
某整容机构	脸到用时方恨丑	化用的是名言"书到用时方恨少"
某减肥产品	减肥没那么容易，每块肉都有它的脾气	化用的是歌词"相爱没有那么容易，每个人都有他的脾气"

例如，图4-10是一个励志号上截取的图片，文案就化用了《道德经》上的一句话："天之道，利而不害；圣人之道，为而不争。"

化用分为很多种，有的是直接引用，有的是创作性运用。如果能创作性地运用这些语句，可以起到事半功倍的效果。

接下来，看一个这样的文案。

案例 5

在生活上，付出不一定总是有收获，但总是会收货。

——支付宝年度账单

图4-10　短视频中化用式标题文案

文案来自支付宝生成的"十年生活账本"。支付宝通过记录最近十年支付的生活琐事，再一次唤醒最深处的记忆。与其说感动你的是文案，还不如说是生活。

同样，在拟写短视频标题文案时，也可以采用创作性化用这种方法，如图4-11所示。

图4-11　短视频创作性化用标题文案

4.4 善于模仿：标题的5个模仿法

4.4.1 向影视剧本学习

好的文案离不开借鉴，要写出好文案需要多看多学习，善于从其他优秀作品中取经，其中最主要的一个就是影视剧本。

电影、电视剧等文艺作品中往往有十分经典的金句，这些话中包括大量对于人性、情绪的刻画，正因此，观众在观看时才会被感动。这时，我们不妨思考一下：一句话、一个人物形象为什么会感动那么多人？我们在策划短视频文案时可不可以借鉴？

案例6

图4-12是奥利奥官方抖音账号上的一则视频，其文案巧妙借鉴了2021年1月20日上映的一部微电影《三仙归洞》。

这是奥利奥的一个"简单"的创意，众所周知，奥利奥的品牌定位一直都是"热衷于和消费者玩在一起"，2021年奥利奥的新春微电影《三仙归洞》，让亲情更近，是爱的戏法。

影片中奥利奥将重点放在了"三仙"的含义及"归洞"的引申义上，"三仙"在影片中的解释从传统的"福禄寿"变成了家人；而"三仙归洞"，则意寓着阖家团圆。那么作为"三仙归洞"中重要道具——球的替代品，奥利奥饼干也成了"三仙归洞"成功与否的重要因素。"三仙"归洞了则意味着团圆，那么奥利奥则成了团圆的必备品。

图4-12 短视频借用剧本式的标题文案

以上案例中，奥利奥的视频文案是对影视剧本的借鉴，这种借鉴是一种比较高端的借鉴法。它不是简单照搬某句台词，而是对电影这一种艺术形式的创新和吸收。

影视剧本犹如浩渺的海洋，资源丰富多样，很多十分适合视频，可为短视频文案创意提供大量可借鉴之处。那么，具体应该如何借鉴呢？这是一个循序渐进、由表及里的过程，具体可分为以下两个层级。

（1）初级借鉴

最初级的模仿是直接引用一些经典台词。需要注意的是，如果用作商用，需经原作者或版权所有者同意。

（2）高级借鉴

这个层面的借鉴已经融入了创新，即对题材、故事起合、核心矛盾的借鉴。

借鉴的前提是获取大量的影视剧本信息，那么，获取途径主要有哪些呢？主要有以下两个。

1）多看多总结

多看优质的影视剧及台词，当然，这是一个长期积累的过程，为了提升效率可以看片段，或与之相关的娱乐新闻。影视剧片段和新闻往往会将经典的对话、旁白总结出来，多关注必受益。

2）多关注剧本网站

关于影视剧剧本，目前有很多现成的网站，这些网站是公开的，我们可以在上面看到不同类型的剧本，尤其是热门剧本、IP剧本要多看多研究。

常用的剧本网站有4个，如表4-3所列。

表4-3　常用的剧本网站

网站名称	网站特色
剧本网	一个剧本创作交易综合平台，一方面剧本创作者可以投稿宣传，另一方面影视公司、短视频创作团队也能征集剧本
原创剧本网	定位与剧本网类似，只不过定位更加精准，主要提供小品、相声、微电影的剧本创意

续表

网站名称	网站特色
华语编剧网	除了电影、电视剧剧本，还有小品、话剧剧本等，专门添加了短视频剧本类目，可以找到很多不错的短视频参考剧本
剧本联盟	国内顶级的剧本创作网站之一，微电影、相声、小品、三句半等海量资源上面都有。还可以找到很多优质的原创人员

4.4.2 模仿新闻标题

在很多短视频平台中，新闻题材类是非常重要的一个视频类型，电视台、新闻广播机构、融媒体官方的账号尤甚。新闻题材类视频的文案往往有自己的特色，很大程度上仍是沿用了纸媒文案的写法。

当然，这种沿用体现在标题的拟写上，又叫新闻式标题。新闻式标题具有明显的新闻特征，需要同时具备时间、地点、事件三大基本要素。

案例 7

图4-13是新华网抖音官方账号上的一则视频截图，标题文案是这样的：全国脱贫攻坚总结表彰大会将于今日（25日）上午在人民大会堂隆重举行，让我们一起见证历史！

这是一个非常标准的新闻式标题，可以说就是一条简讯。众所周知，纸媒上的一篇新闻或一篇报道，要想明确地向读者传递信息，其中导语、时间、地点、人物、事件、结尾等要素必不可少。尽管新闻式短视频标题有字数限制，无法像新闻报道那样大篇幅展开，但基本要求是有的，至少需要有时间、地点、事件等元素。

图4-13 短视频新闻式标题文案

上述案例中的这个标题就将事件、时间、地点交代得很清楚，人们在看到这个标题时，便可知道这个软文的内容大概是什么。

新闻式标题的优势在于其完整性、直白性，可直截了当地告诉读者文案内容。多用于企业发布重大事件、新品上市等较正式的视频。这样的文章出来之后，也可以投放在一些新闻类的网站，或者专业性较强的分类网站上，强化视频的权威性，吸引更多读者阅读。

4.4.3 取经自媒体爆文

在这个人人自媒体时代，越来越多的人开始接触自媒体，随之出现了很多做媒体的达人，开专栏写文章，拍短视频，参与话题讨论等。例如，"六神磊磊读金庸"的作者六神磊磊；大气又具悲悯情怀的黄小姐和蓝小姐等。这些达人所写的文章，语言精练、观点独特，无论是金句，还是提的观点都可以作为短视频文案创作的灵感。

案例 8

> 2020年8月，媒体曾报道了这样一则新闻，标题是《5岁孩子的简历》。该新闻在社会上引发了极大关注，大部分人都投以惊叹、赞美的目光。后来，在自媒体上进一步发酵，其中自媒体达人"常青藤爸爸"就写了一篇观点独特的文章《碾压众人的5岁牛娃简历上，写着"缺德"两个大字》。
>
> 文章没有站在育儿的角度来解读这则新闻，而是从"泄露隐私"的角度进行阐述，提出自己独特的观点，并立马就把新闻拔高一个度。这个观点在短视频中广为传播，尤其在一些教育机构账号、从事儿童教育专业人士的账号中，他们的文案都表达类似的观点。

提出观点是新闻式标题最常用的拟写技巧。所谓提出观点，就是以表达观点为核心的一种标题撰写形式。一般会在标题上精准到人，会将人名放置在标题上，在人名的后面会紧接着写对某件事的个人观点或看法，以下是观点式标题的常用模式：

"某某认为＿＿＿＿＿＿＿"

"某某资深＿＿＿＿，他认为＿＿＿＿＿"

例如，中国××银行××行长认为，Libra的概念代表着更全球化的强势货币可能出现。

当然，自媒体爆文的标题有很多类型，除了提观点，还有其他很多技巧，比如，建议式、指导式、鼓舞式等，具体如图4-14所示。

图4-14　自媒体爆文的标题类型

（1）指导式

指导式标题是指针对某一个具体事情进行方法、技巧性的指导，这类标题可以吸引大部分新人或者对未知领域感兴趣者的目光，常用"如何""怎样""……养成之道""更简单的……方法"之类的字眼，例如，夏季如何去除体内湿气？坚持这5个习惯，两周就见效。

（2）建议式

建议式标题是指采用建议的口吻将标题展现出来，以抓住人们的心理：不让他们干什么，这时读者往往都会想干什么，这样效果会比较显著。例如，孩子喝完饮料，立即刷牙？在孩子牙齿这事上，90%妈妈都做错了。

（3）鼓舞式

鼓舞式标题是指用鼓动性的词句号召人们快速做出购买决定的标题。此类标题能起到暗示作用，且易于记忆，使消费者易于接受宣传推广。例如，生活过的是心态，人生要的是健康。

（4）知识式

所谓知识式标题，就是让读者通过标题即可对视频的主题内容了然于胸，并且以传递知识为噱头，吸引读者的注意。例如，在暴雨内涝来临前，先了解涉水行车的注意事项，有备无患。

（5）数字式

数字式标题是指在标题中设置具体的数据，一般来说，数字对人们视觉冲击的效果是不错的，一个巨大的数字能与人们产生心灵的碰撞，很容易让人产生惊讶之感。例如，93.3%的广告创意竟然都来自这5个角度；手机、电脑用久了，这4种"病"要当心。

（6）趣味式

所谓趣味式标题就是将有趣的、别有一番风味的字眼植入标题中，采用恰当的修辞手法，让语言生动、幽默、诙谐，使标题变得俏皮、活泼、有生气。只要运用得当、不夸张，符合文章内容及主体，定能令读者回味无穷。例如，徐峥、沈腾再换脸惹争议，疑似失散多年的亲兄弟！共用一张脸毫无违和感？

4.4.4 模仿自己

模仿自己的文案是成本最低、最搞笑的一种方法。这就需要认真写好每条视频的标题文案，在已发的视频文案中搜集一些播放量高、点赞量多的文案，建立自己的素材库。继而，对其加以分析，找出规律，形成相对固定的模板。比如，句式模板、逻辑关系、语言风格等，以便日后进行综合性的借鉴。

案例 9

vivo官方抖音上的三条短视频标题文案，可谓是模仿自己的经典之作，如图4-15所示。

三条短视频的文案几乎在套用一个文字模板：告别2020的夜，迎接2021的光。捕捉（ ）第一束光，愿你在新的一年（ ）。

然后根据不同的视频内容添加具体的关键词：北京、抚远、东极岛……温暖如初、破冰而行、乘风破浪……

每条文案尽管只有几字之差，但与视频内容贴合得却很紧，可以恰到好处地体现内容特色。

图4-15　短视频模仿自己的标题文案

　　以上案例中的文案，就是自己模仿自己的典型，这样做的好处是，可以大大节省创作时间，提高创作效率，而且还能给粉丝留有一个条理化、节奏感强的印象。需要提醒的是，既然是自己模仿自己，对被模仿的第一条文案要求极高。如果第一条文案本就不受大众欢迎，之后其他视频很可能是越模仿效果越差；反之，当第一条视频文案很优质，再做模仿时就很容易形成蝴蝶效应。

4.4.5　从主谓宾学写标题

　　对语法有点了解的人都知道，主谓宾是一种文法的表达方式，是指一句话按照主语、谓语、宾语的顺序排列的句式。

　　主谓宾的句式如下：

　　我爱这份工作。

　　我给了他500元钱。

　　她给自己订购了一条裙子。

　　在主谓宾句式中，每个成分承担的作用不一样，运用时也都有严格的要求和规范。具体如表4-4所示。

表4-4　主谓宾的作用及运用

句子成分	作用	运用
主语	是行为或动作的主体	一般为名词或代词
谓语	对主语动作或状态的陈述或说明	多为动词，极少部分可以用形容词
宾语	是行为或动作的接受者	一般为名词、代词

在语意的表达上，主谓宾句式是最完整的，最能表达出所要展现的内容。短视频的标题文案多是一个句子，既然是一个句子，那么最好就要有它的"主谓宾"。

在主谓宾的基础上，再加上修饰语等，就是一个好的标题。修饰语在语法上包括定语、状语、补语，可以是动词、名词、形容词、副词等，甚至是一个句子。

例如，定语的运用：（18岁的）我 非常 爱这份工作。

状语的运用：［我愉快地］给了他500元钱。

状语的运用：他慢慢变得〈坚强起来〉。

定状补的作用及其运用如表4-5所示。

表4-5　定状补的作用及其运用

句子成分	作用	运用
定语	用来修饰、限定、说明名词或代词的品质与特征	主要是形容词，在特定情况下也可以用名词、代词、数词、介词等
状语	状语用来修饰和限制谓语，只能位于谓语中心语的前面	多为副词、形容词
补语	是对整句话或宾语的补充和说明，包括结果、程度、趋向、可能、状态、目的等，与宾语之间是补充与被补充的关系	多为名词、形容词、副词

主谓宾句式运用在短视频标题上，效果非常好。

当然，与视频结合后，有时候会在形式上有些变化，但总体思路是不会变的。这种形式变化主要包括两种情况。

（1）主语、宾语是固定的，谓语不固定

这个模板用公式表示的话，即为"主语 +（　　）+ 宾语"，这里的（　　）不

是说没有谓语，而是谓语属于自由发挥项，可根据视频内容自由添加。

比如，人物/事件＋情绪宣泄。

在"人物/事件＋情绪宣泄"这个模板里，"人物/事件"是主语，"情绪宣泄"是宾语。没有谓语，谓语可以根据情境自由添加。这类标题最大的特点就是善于运用"我"和"你"，粉丝在不经意间就会带入自己。

例如，你承诺给我的都没做到，让我每天都在羡慕别人中度过。这里"你承诺给我的"是主语，"都没做到"是谓语，"我每天……度过"是宾语；如果继续划分的话，这个宾语可再划分为一个主谓句，即"我"是主语，"度过"是谓语，"每天都在羡慕中"是状语。

（2）主语、谓语是固定的，宾语不固定

这个模板的文案是有主语、谓语，没有宾语，主语、谓语相对固定，宾语需要根据情境另行添加，用公式表示为"主语＋谓语＋（　　）"。

这类文案常常应用于情境类的剧情视频标题中，一般是留一半藏一半。前半部分陈述事件，后半部分用转折引起粉丝好奇心。

例如：

假扮总裁帮朋友撑场面，没想到这个总裁竟是……

好心替闺蜜说分手，没想到她竟然……

第 **5** 章

撰写脚本：
让短视频镜头会"说话"

　　一个短视频是否能火，关键在于它的脚本写作。脚本相当于视频的框架，框架没搭好，视频几乎就没什么爆的概率了。因此，脚本是拍摄整个视频的依据。所以，写好脚本是文案创作者非常重要的一个环节，不可忽视。

5.1 脚本的概念和意义

脚本是短视频拍摄与制作过程中一个不可缺少的环节，是短视频拍摄的大纲，是短视频开拍前和后期制作的重要依据。为了让剧情更有张力，最大限度地抓住粉丝的心，在开拍之前，拍摄者需要熟悉视频主要内容，了解视频的主线，并根据剧情设定拍摄画面，包括镜头的构造，演员的站位，什么时间、地点，画面中出现什么人设，以及镜头应该如何运用，景别是什么样的，服化道的准备等。

那么，什么是脚本呢？所谓脚本，是指在拍摄和剪辑时，对视频拍摄角度、景别、摄影机运动、演员调度、特效、声效衔接的技术描述文档。

脚本是将文案转换成视频画面的重要保证，是拍摄视频的文字依据，尤其适合故事性较强的短视频。脚本通常采用表格的形式，一般按镜头号、镜头运动、景别、时间长度、画面内容、人声、音乐音响的顺序等做成表格，分别对应填写。

5.2 脚本的构思和创作

5.2.1 脚本的构思

随着短视频的火爆，越来越多的人和机构参与进来，视频制作门槛也越来越高，原来只是简单的PPT翻页都能获得几十万点赞量，现在却连机器审核可能都过不了。因此，很多人做的短视频越长，越不知道做什么。脚本就是解决拍什么的问题，通过需要解决的问题来构思整个视频的拍摄。

脚本主要解决以下3个问题，如图5-1所示。

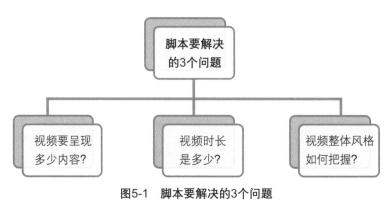

图5-1 脚本要解决的3个问题

（1）视频要呈现多少内容

短视频最大的特点就是"短"，因此内容也要力求"精"，在内容的甄选上要把控节奏，不要贪多，不要复杂，既要简单又要能呈现出最精华的东西。短视频内容的逻辑就是简单呈现，表达不清楚的地方可以利用视频标题文案加以补充、点亮、升华。

（2）视频时长是多少

短视频最理想的播放时长是15秒，如果剧情需要，也可加长至1分钟、2分钟，最长3分钟。尽管最长可以拍摄3分钟，其实这大大限制了内容的创作和发展，更何况为了视频的完播率，很少有视频超过1分钟。因此，我们在设定视频时长时最好控制在15秒左右，再长的话，对节奏和内容的质量要求会更高，几乎是指数级增长。

（3）视频整体风格如何把握

短视频非常讲究风格的一致性，视频的风格决定着视频的人设，也决定着打开率，决定着粉丝在5秒内会不会被吸引过去。一般来讲，一个视频播放5～8秒，基本上就跨出了第一个大坎，后面的内容只要节奏正常，或者再适当亮点或者反转，粉丝基本上就能把整个视频都看完。

5.2.2 脚本的结构

确定了视频内容的多少、时长、风格之后，就可以开始脚本创作了。从结构的角度看，写一个脚本与写一篇文章是一样的，都必须具有最基本的3个部分，即开头部分、展开部分和结尾部分。3个部分具体创作要求如图5-2所示。

开头部分
吸引粉丝注意力，引起粉丝的兴趣

展开部分
脚本的核心内容，是全视频的重点和中心

结尾部分
脚本不可缺少的部分，用以总结和升华前面的内容

图5-2 脚本的3个部分及创作要求

（1）开头部分

开头在脚本中占有很重要的地位，目的是点出主题。好的开头可以吸引粉丝注意力，引起粉丝继续观看的兴趣。

开头部分通常不宜过长，一般只需简单的几个镜头，或几句解说就可以了。可以开门见山，直接进入正题，也可以先提出问题，设置悬念，引出主题。对于一些情感性的视频还可以安排序幕，以起到烘托气氛的作用，通过要表达和说明的问题，给观众造成深刻印象。

（2）展开部分

展开部分是脚本的核心内容，是全视频的重点和中心。这部分内容尤其重要，在撰写时要求较高，需要根据视频的主题充分思考。常见的要求有4个，如图5-3所示。

图5-3　脚本展开部分写作要求

1）循序渐进，逐步深入

为达到循序渐进，逐步深入的效果，可以不断提出问题，然后按一定的逻辑顺序解决问题，逐步深入地去揭示问题。

2）层次清晰，段落分明

为了让层次更清晰、段落更分明，必要时可用字幕的标题分隔，让人容易理解各层次及其联系，每一个层次可用几个段落来表达，每个段落表达一个问题，段落与段落之间又要相互联系。

3）详略得当，快慢适宜

内容表述的详略，直接关系到对主题的体现，详略得当能使中心明确、重点突出、结构紧凑，为此，重点内容部分要详写，相关的其他问题则要略写。

4）过渡自然，前后照应

过渡是指事物由一个阶段，或一种状态转入另一个阶段或状态，侧重于表示两个阶段、状态的渐变和转折。一般出现在不同层次、不同段落之间。

（3）结尾部分

结尾是脚本不可缺少的部分，如果没有特别需要，任何一个脚本都需要设置结尾。好的结尾要做到简洁有力。结尾也是讲究技巧和方法的，通常采用总结和提问的方式。

1）总结全片，升华主题

2）提出问题，发人深省

总之，开头、中间、结尾是脚本文字的一个有机整体结构，头要开得好，尾也要收得好，中间主题展开部分更应丰富多彩。

5.2.3 脚本的创作要素

脚本原是用于电影、电视剧拍摄和剪辑的，过于专业和细分，如果照搬到短视频上就很难上手。所以，做短视频脚本只需要掌握7个关键要素。为了更好地了解这些要素，下面用一个表格来呈现，如表5-1所示。

表5-1 脚本的关键要素

镜号	景别	场景	镜头内容	台词	时长	道具	演员	备注
1								
2								
3								
4								
5								

表中整理出大致的拍摄方向，它虽然不像影视脚本那么专业，但对短视频拍摄者来说已经足够了，会令拍摄思路更加清晰。

上述表格也可以说是一个模板，在创作时只需要对应着填内容就行了，平时灵光一闪的念头，也可以快速记录下来。做短视频脚本关键是要多行动、多积累，如果不行动，就算知道再多的原理也没用。

在填写上述表格时，有三项要素需要特别注意，一是景别，二是镜头内容，三是台词。

（1）景别的填写

很多人不清楚什么是景别，景别是指拍摄场景的方式。景别通常有5个，分别是远景、全景、中景、近景、特写，如表5-2所示。

表5-2　脚本景别的填写要求

景别	视觉
远景	视距最远、表现空间范围最大的一种景别。主要表现地理环境、自然风貌和开阔的场景及画面
全景	表现人物全身形象或某一具体场景全貌的画面
中景	表现人物膝盖以上部分或场景局部的画面
近景	表现人物胸部以上部分或物体局部的画面
特写	表现人物肩部以上的头像或某些被拍摄对象细部的画面

（2）镜头内容的填写

镜头内容是指根据文案内容（解说词）细致描述画面的内容。比如，用远景和特写分别描述一个广袤草原的场景，应该如何描述呢？可参考表5-3所示的写法。

表5-3　景别描写案例示范

景别	场景	镜头内容
远景	广袤草原	仰拍，碧蓝的天空，淡淡的白云，流淌的溪水，天空和草原交界处，一排大雁一字型飞翔
特写	广袤草原	女主角穿着漂亮的裙子，坐在碧绿草地上，伸出手，触摸草叶上的露珠，背景可以是正在低头饮水的马

（3）台词的填写

台词是为了镜头内容表达准备的，起到的是画龙点睛的作用。不过，台词不能过于密集。15秒的短视频，文字不要超过50个，1分钟的短视频，文字不要超过180个，不然听起来会特别累。

另外，需要注意的是，对于需要强调的地方，如时间、人名、地点等，配音内容中无法全面描述的内容，也可以通过字幕的形式展现在台词中。

5.2.4　脚本写作的基本逻辑

脚本写作是一种特殊的文学表现形式，就像写一篇文章、一篇小说，需要符合文学创作的基本逻辑。要求有开头有结尾，有人物有场景，有高潮有细节。那么，脚本写作的基本逻辑是什么呢？具体如图5-4所示。

图5-4　脚本写作的基本逻辑

（1）确定主线

主线是脚本的核心和主题，即想要表达一个什么样的思想，按照哪种形式展开，脚本策划的所有工作都需要围绕主题而展开。只有有了这条主线，才能拍摄出一个有灵魂的短视频。

现今，有主题、有输出价值的内容成为短缺品，如果我们能把握这个机会，作品很可能就会让粉丝耳目一新，记忆深刻。

这里需要强调的是，这个主线不仅仅是针对某一个视频，它可以是多个视频，甚至是所有视频的主线。因为短视频讲究内容的高度垂直，一个账号最好深耕一个领域，然后在这个基础上深度挖掘方方面面、每个细节。那么这个领域就是一根主线，将多个视频串在一起。

（2）列出大纲

大纲是指围绕主线，对整个内容进行的统筹安排。列出大纲就是提前罗列每一辑的内容梗概、情节，以及人物关系，包括需要多少人参演，在什么样的情境中表演等。

（3）描绘场景

场景是短视频最不可或缺的部分，打造富有吸引力的场景能让观众有代入感，引起共鸣。因此，在脚本文案中要多体现场景这一部分。尽量多布置几个场景，而且要善于用语言表达出来，描绘得细致入微，故事发生在什么样的场中？是一个场景还是多个场景？场景是否真实？

（4）把握节奏

由于短视频的播放时长较短，所以对节奏要求十分高，必须在有限的时间内将想要展现的内容完美地展现出来。一般来讲，粉丝对短视频的新鲜感和注意力在15秒左右，因此视频的结构，情节与情节之间的衔接，开头、结尾之间的反转等要十分紧凑，尽量控制在15秒内，过于松散极易让人产生疲劳。

（5）升华主题

升华主题是一种创作技巧，通常是指扩大所叙事件的意义，进一步提高主题容量，使脚本作品主旨进入一个更加开阔、更加高远的境界。在脚本中升华主题，可以大大提升视频价值，拓展视频的高度和深度。

以上5个方面，每个方面都必须精打细磨才能打造出一个爆款脚本，制作出爆款短视频。

5.2.5　脚本文案的写作要求

短视频脚本文案的写作，不同于普通的文案，在具体写作上有很高的要求。不但需要用生动形象的语言把创意表现出来，反映现实，表达思想，还需要按照场景的顺序描绘，以便对视频画面进行具体形象的勾勒。

短视频脚本文案的写作要求通常有以下5个，如图5-5所示。

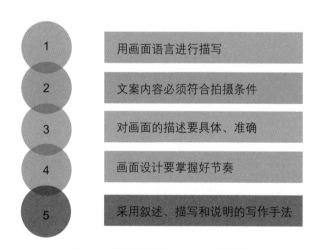

图5-5　短视频脚本文案的写作要求

（1）用画面语言进行描写

画面语言是一种特殊语言，基本单位是镜头，它同文字语言、口头语言一样，有自身的语法和逻辑。画面语言通过把一个个画面组接起来，形成镜头组，通顺地说明一个现象、一个情节或一个事件。

因此，在写文字脚本文案时，脑子里必须装满镜头，这样才能让写出来的文案有镜头感。同时还要时刻考虑如何根据信息表达的系统性、逻辑性，安排好画面的组接、段落的转场。只有这样，才能充分发挥短视频动态表达的特长。

（2）文案内容必须符合拍摄条件

脚本文案的内容必须是能拍摄的，也就是说具有通过画面来表现的条件。有些文字是画面无法表达出来的，例如，历史上出现过的事件和现象，没有留下影像资料，或者受现有摄影摄像设备条件或视频制作技术限制无法实现拍摄。这时候就需要换个说法，文案内容一定要与拍摄画面紧密切合。

必要时，还需要在每个画面或每组画面上配上一段相应的解说词，以免错位。

（3）对画面的描述要具体、准确

脚本文案要能准确表达画面内容，画面内容想表达什么就写什么，要具体、准确，不能过于简单，更不能似是而非，让人看不明白。对于大众不熟悉的事物，在描述时还要按照一定的逻辑进行，比如，从表到里、从近到远、从大到小，以对其形状、大小、位置、颜色、质地及声音等作具体的描述。

（4）画面设计要掌握好节奏

短视频的节奏感虽没有电影、电视剧那么强，但也会受诸多因素的影响，例如，画面上物体的运动速度、摄像机运动的快慢，以及切换形式、视频剪辑技巧、音乐、音响等。因此，在设计画面时要充分考虑这些因素，既不能把节奏设计得过快，让人目不暇接；也不能缓慢拖拉，使观众感到厌倦，产生反感。

（5）采用叙述、描写和说明的写作手法

由于短视频脚本文案需要有画面感，因此在写法上也有一定的要求，不能过于复杂，要多采用叙述、描写、说明等写法，必要时还可采用绘图表示。这方面内容在上一节做过阐述，这里不再赘述。

案例 1

> 短视频：《这是一个古老的小镇》
> 时间：早上（需要体现朝气蓬勃）
> 场景：外景 街头
> 镜头：要求如表5-4所示。

表5-4　拍摄镜头要求

镜头	景别	视觉	写作手法
镜头1	特写（移）	阳光斜斜地照在街头的牌坊上，显出"李庄"两个大字	对环境进行描写
镜头2	全景（移）	熙熙攘攘的小镇早晨的热闹，人群来来往往。摄像机在人群里穿梭	采用旁白的形式对特定环境进行说明
镜头3	远景	一家小店门口的人排起了长队，大多数是年轻人（镜头由远及近，从队尾聚焦到队头），视线停留在小店的招牌"李豆浆"上	采用叙述+说明的方式，展现卖豆浆的场景

5.3　打造爆款脚本的技巧

5.3.1　设置情节亮点

有人认为，原创内容一定能够得到大量的推荐和播放量，其实不然，视频脚本的质量，文案的趣味性、创意性等，都是非常重要的影响因素。爆款短视频的脚本文案通常都有独特的亮点，只要你的脚本文案有足够的亮点，就可以打造吸引人的短视频。

一个视频的亮点，通常有4个，即美点、笑点、泪点和槽点。

（1）美点

对于真善美的东西，人们内心总是向往的。美好的东西看着养眼，让人心里舒服，让人憧憬。从心理学上看，这是人性；从生理学上看，这是大脑分泌多巴胺所致，多巴胺会让人快乐。

短视频脚本文案中只有始终展示美好的事物，才能得到粉丝的青睐。当然，这个美不仅仅是说人美，也包括美食、美情、美景，这些都能吸引人。

案例 2

在各大短视频平台上，有很多专门拍摄美景的账号，集中展示全球各地各种新奇的美丽景色。这类账号往往更容易得到平台流量支持，吸粉能力也非常强。这类账号之所以如此受欢迎，美景是其最大的亮点。

图5-6的视频展示的就是一组美景，配的文案也非常有吸引力。文案是这样的：昨天有人说看了我的视频，终于不用羡慕瑞士了。我说，那是你对祖国不够了解！

图5-6　美景类视频

（2）笑点

人在不开心时，总想找点乐子，很多人选择看幽默搞笑的短视频，纵观如今各大平台上的小视频，搞笑类视频占比最大，而且往往是自成一体，自有风格，很多短视频博主专门制作这类视频，如图5-7所示。搞笑视频让人觉得十分有趣，还会让观众转发分享给好友，形成二次传播。

对于以15秒为主的短视频来讲，笑点永远是不可忽视的，即使不是搞笑类的视频，植入一个或若干个笑点也会增加视频的趣味性。需要注意的是，在设置笑点时不要为了搞笑而搞笑，太刻意的话很可能起到反效果。

（3）泪点

具有泪点的视频常常是以情感人，这类视频很容易引起有同样感受的人的情感共鸣。在这类短视频中，总有一些话语让我们心头一暖，总有一些片段直戳我们内心，让我们瞬间泪奔。其实，无论是一句话，还是一个片段，之所以能让我们热泪盈眶，主要原因就是文案中设置了泪点。

图5-7　以笑点为主的视频自成一体

案例3

图5-8表现的是伟大的父爱，感动了很多人，更感人的是配文。

配文如下：

这次离别/不知何时才能重逢/看到老爷爷用袖口擦拭着眼泪/心口突然疼了一下/我们一生要经历多少次的分离/每一次的分离都是那么的不舍/珍惜现在我们身边的每一个人/不要在分别的时候再去后悔。

图5-8　催人泪下的视频截图

（4）槽点

槽点，由网络词汇吐槽引申而来，常常表示吐槽的"爆点"。文案有槽点往往可以给视频带来人气，引导粉丝深度参与，评论、转发量都会得到大大提升。槽点也可以称为矛盾点，即在剧情中设置矛盾，让剧情跌宕起伏。

但这个方法最好慎用，因为不太好控制，很容易把视频变成吐槽视频，人气虽然上去了，但粉丝质量没上去。

5.3.2　设置反转情节

有的短视频内容十分正能量，拍摄得也十分到位，然而完播率却很低。原因就是剧情过于平淡，没有反转，没有矛盾冲突。好的剧情都有出乎意料的反转，反转则往往可引发粉丝参与，抓住粉丝的心。

那么，一个短视频只有十几秒时间，如何设置情节上的反转呢？可以参考图5-9所示的模板，以一个15秒的短视频脚本为例。

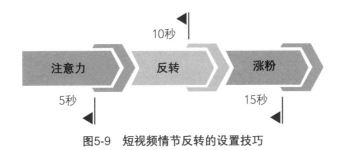

图5-9　短视频情节反转的设置技巧

这个模式理解起来比较容易，即在策划短视频脚本文案时将内容分成三个部分。第一，在5秒之内设置一个吸睛点，抓住粉丝眼球，吸引粉丝的注意力，让粉丝不要走。这个吸睛点可以是视频画面，也可以是人物动作、音效、特效等。第二，在视频的第10秒时设置"反转"。第三，在视频第15秒即将结束的时候，引发互动涨粉。

接下来，我们来看一个文案：

案例 4

> 妈妈拖着疲惫的身躯下班回家，一进门就瘫坐在沙发上，看着身边5岁的儿子（拿着两个苹果）问：
>
> "给妈妈吃一个，好不好？"儿子看着妈妈，将两个苹果各咬一口。
>
> 此刻，妈妈内心莫名升起一种失落。令她没想到的是，孩子慢慢嚼着，突然对妈妈说："这个最甜，给妈妈！"
>
> 此时，妈妈眼中泛起一丝泪光，微笑着点了点头，紧紧抱住孩子。

这是一个简单的15秒短视频脚本，以两个苹果为主线，直入主题，围绕母子关系来表现家庭、亲情、育儿等。这里最成功的地方就是情节，这里并没有直接写儿子给妈妈苹果吃，而是设置了一个小悬念（儿子咬苹果），后来又实现反转（不是自己吃，而是替妈妈品尝）。这样一来，故事剧情就显得跌宕起伏，给人的印象更深刻。同时也引出了该视频的价值，体现孝心，传播了正能量。

反转，最本质的就是与预期违背，让观众看着看着就会发现故事与自己预想的完全不一样。那么，具体应该如何做才能达到这样的效果呢？常见的手法是设置盲点。

盲点的设置是非常考验文字功底的，盲点设置可分为初级盲点设置和高级盲点设置。

（1）初级盲点设置

初级盲点设置是显而易见的，能够让读者很容易就发现。在具体的手法上可以通过对几个要素进行反转，比如最简单的人物设置的反转，出场是坏人，然后通过各种的实际剧情和表现，发现坏人只是表面现象，实际上是个卧底，是好人。

> **案例 5**
>
> 　　有这样一个文案：一直在兢兢业业调查案件的警察，原来是凶杀案真正的幕后黑手。该文案先讲一个非常普通的警匪故事，他先是抓第一个凶手，接着抓第二个凶手……实际上都是在为第二层故事"警察其实是凶手"做铺垫。

初级盲点的设置需要把故事分为两层。第一层讲述一个所有人都知道的常见的故事，第二层笔锋一转，再说明真相。

（2）高级盲点设置

高级盲点基本上是隐含在剧情里的，通过各种伏笔一步一步被揪出来，从而实现剧情反转，达到出乎意料的效果。比如，"隐藏关键信息"，让观众从事件的某一个角度进入故事，而看不到全貌。换句话说，观众看到的信息是残缺的，但观众并不知道。需要暗设提示，启发观众自己去领会。

高级盲点的设置需要对其他要素进行反转，比如，博弈双方的实力反转，喜剧悲剧的反转，利用读者思维定势的反转。总之，反转的技巧核心就是能够营造出让读者眼前一亮、心头一惊的效果。

5.3.3　多多表现细节

人们常说"细节决定成败"，创作短视频脚本也是如此。打个比方，有着相同故事大纲的两个短视频，注重刻画细节的视频很容易获得高流量，而没有细节的视频效果就会差很多。

如果说主题是树干，框架是树枝，那么细节就是树叶。一棵树只有有了茂盛的树叶，生命力才更顽强。

细节是调动观众情绪的重要枝干，在创作脚本时要善于刻画细节。细节可以增强观众的表现感，调动观众的情绪，使人物更加丰满。

案例 6

下面来看一则康师傅方便面宣传片的分镜头脚本（部分），如表5-5所示，看其是如何通过分镜头表现细节的。

表5-5　康师傅方便面宣传片分镜头脚本

镜号	景别	场景	分镜头内容	解说	时长	音乐	备注
1	全景	昏暗的楼梯、机器	两个女孩忙碌了一天，拖着疲惫的身体爬楼梯	背景是傍晚昏暗的楼道，凸显主人公的疲惫	4秒	《有模有样》	女孩侧面镜头，距镜头5米左右
2	中景	昏暗的楼道，机器随两个女孩的变化而变化	两人刚走到楼梯口就闻到了一股泡面的香味，于是飞快地跑回宿舍	昏暗的楼道，与两人飞快地动作交相呼应，突出两人的疲惫	5秒	《有模有样》	刚到楼道口正面镜头，两人跑步侧面镜头一直到背面镜头
3	近景	宿舍，机器不动，俯拍	另一个女孩C在宿舍正准备试吃泡面是否泡好	与楼道外飞奔的两人形成鲜明的对比	1秒	《有模有样》	俯拍，被摄主体距镜头2米
4	近景	宿舍门口，平拍，定机拍摄	两个女孩在门口你推我搡，不让彼此进门	突出两人饥饿，与窗外的天空相互配合	2秒	《有模有样》	平拍，被摄主体距镜头3米

细节表在拍摄上又叫短视频的分镜头，在确定了需要执行的细节后，要考虑使用哪种镜头来呈现它，然后编写一个非常具体的快照脚本。分镜头脚本即将文字转化成可以用镜头直接表现的画面，通常分镜头脚本包括景别、场景、分镜内容、时间、机位、音效等。

第 6 章

内容标签化：越个性，越容易引发粉丝关注

　　短视频标签的最大作用就是帮助系统对视频进行分类，以便推荐给具有相同需求的人。因此，要想让自己的短视频在信息洪流中脱颖而出，文案必须标签化，故在撰写文案时应将热点标签、关键词标签添加到文案中。

6.1 短视频文案的标签化

6.1.1 标签化是短视频文案的主要特征

移动互联网的主流意见领袖是80后、90后及00后，他们的表达方式都是高度浓缩化的标签式。经常浏览短视频的人都知道，当多次浏览某类视频时，主页上就会出现很多同类视频，抖音、快手、西瓜视频等都是如此。这是因为系统根据你的喜好推荐了类似的视频。其实不仅如此，任何一个平台都是这样，当你看今日头条、腾讯新闻等，经常关注哪类新闻，系统就会识别、记住你的爱好，优先为你推荐同类报道。

那么，系统又是根据什么筛选同类视频呢？那就是标签。每个视频都有自己的标签，系统会根据视频提供的标签进行抓取，然后推荐给有着相同爱好的观众。

标签常常以"#……#"的形式出现，图6-1所示为微视频上的视频标签；图6-2所示为抖音短视频上的视频标签。

图6-1 微视频上的视频标签

所以，在发布视频前，一定要在文案中添加标签，而且一定要正确添加。如果你的视频没标签或者标签设置得不合理，系统在对视频进行分发时就会错位，导致目标群体无法看到你的视频。在这种情况下，即使视频的质量再高，也很难被推上热门。

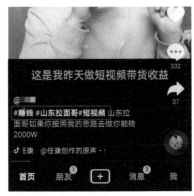

图6-2 抖音短视频上的视频标签

6.1.2 短视频文案标签的两种类型

标签就像一面旗帜，旗帜越鲜艳越好，辨识度越高越好。综观所有短视频平台，标签主要有两大类，一类是系统自动生成的，另一类是创作者自拟的。

（1）系统自动生成的标签

系统自动生成的标签是后台通过一定的算法识别，根据视频内容关键词自动形成的。这类标签是自动显示的，在发布视频时可自由选择。

这类标签是AI算法先通过对视频图像内容的计算，以及基于查询其他包含相似图像内容作品中的热门标签信息之后推荐出来的。这些标签是为满足特定的需求而集中打造的，其优势是适用范围广、相对规范，同时经过了流量验证，引流效果好，大概率能匹配到相应的受众群体。

例如，企鹅媒体平台每到特定的节假日或时间点都会推出曝光推荐加倍的短视频征集活动。如开学季、国庆节、中秋节等。其实这就给了短视频制作者很好的思路，即在短视频制作和运营过程中应注意时间、节庆的重要性。添加标签也是一样，将平台推荐标签加入到标签内容中，可以多快好省地获取更多流量。

（2）创作者自拟的标签

平台毕竟是机器，能力有限，有时候对于视频的艺术表达、言外之意、弦外之音这种语义层面的信息很难捕捉到，因此平台也允许创作者自己添加标签。

这类标签创作者自拟的标签，虽然自由度高一些，但最终仍要经过后台处理、智能分类、文本纠错、实体识别、计算文本/词义相似度等过程。换句话说，标签拟写得如果不够规范，依然无法起到导读、引流的作用。

鉴于此，在自拟标签时需要注意以下3点。

① 用字准确、简洁，不要写错别字，避免分类的不恰当，虽然系统有文本纠错功能，但这不是万能的。

② 尽可能使用通俗的名词，减少形容词、冷僻词。因为后台命名实体识别技术的关系，形容词、冷僻词是无法被很好地识别到的。

③ 标签不宜过多，要尽可能垂直，尽可能保持语义一致。例如你发一段关于商业投资的知识类的作品，可以分开用"商业""投资"等词，来最大化吸引特定领域的受众。

6.2　短视频文案标签的好处和作用

6.2.1　短视频标签化的好处

众所周知，短视频非常注重标签化，标签是视频分类的依据，是扩大曝光度最直接、最有效的方式。同时，还有利于平台系统抓取关键词。

换句话说就是，文案中一定要含有一个或若干个标签词语。这些词语能被系统轻松识别，并推荐上热搜；同时，也能够满足粉丝通过搜索工具进行搜索，获取视频的需求。

当发布一个新视频时，系统通常会先让机器审核。机器审核的依据就是标签，通过标签对视频内容进行分类，从而进行第一次推荐；然后再转人工审核，人工审核是在第一次推荐的基础上，对标签再次进行审核，再向更精准的需求粉丝进行匹配推荐。

案例 1

以今日头条的视频推荐机制为例，今日头条的推荐机制是非常强大的，其推荐原则就是通过视频或文案的标签进行匹配和分发。其中，标题文案标签占据的比重最大，直接决定着视频的主要推荐人群。

比如，你的标题文案中含有"德甲""英超""足球"等关键词，那么系统最先推荐的目标群体就是球迷；同时，有类似关键词的视频也会推荐给他。

案例 2

以抖音为例，假如有球迷想看英超联赛的一些视频，通常会在搜索栏中搜索关键词"英超""英超联赛""英超直播"等。此时，文案标题中含有"英超"标签的视频就会优先显示出来。图6-3所示是在抖音搜索界面搜索"英超"时，出现的相关视频。

图6-3　抖音搜索界面搜索
"英超"出现的相关视频

综上所述，标题文案中贴的标签越多、越精准，获得平台推荐、被粉丝搜索到的概率就会越高。因此，在撰写标题文案时除了需要掌握必要的技巧外，还要有意识地搜集一些被推荐可能性大、搜索度高的关键词。

6.2.2　短视频贴标签的作用

贴标签，是在对视频内容有深入理解的基础上，提炼一个或多个关键词，植入到标题文案，对视频内容进行简要概括和描述的一种方法。标签在短视频中是十分常见的，它对账号定位、视频传播与扩散发挥着至关重要的作用，如图6-4所示。

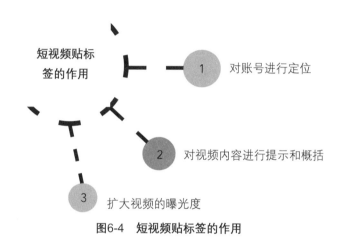

图6-4　短视频贴标签的作用

（1）对账号进行定位

通过不同的标签将内容分类，可以加深账号在粉丝头脑中的印象，形成特定的形象。例如，"一条"的标签是文艺，"陈翔六点半"的标签是幽默，papi酱的标签是吐槽。正是因为有了标签，这些账号才能轻而易举地被粉丝记住，并与其他账号区分开来，这就是给视频贴标签的最大意义。

（2）对视频内容进行提示和概括

标签浓缩了整个视频的精华，是对视频内容的高度概括。例如，一个穿搭博主，视频内容都是围绕穿搭技巧进行的，那么在文案中就要多多体现与穿搭有关的关键词。既可以是技巧方面的，也可以是穿搭效果方面的，还可以直接说明服饰类型。例如，穿搭技巧、穿搭百变、长款大衣、西装、墨镜、穿着自然、穿着得体等。

当然，一条视频贴的标签数量是有限制的，不能太多也不能太少。一般为3～5个，如何取舍则取决于视频具体的内容，假如视频展示的是长款大衣，那么主要关键词就只能选择"长款大衣"。还可以选一些意思相近的标签，但最好只选一个，比如"穿着自然"、"穿着得体"只留一个就好。这样一来，标签就特别精准了，粉丝一看就能明白视频在讲什么。

（3）扩大视频的曝光度

好的标签可以扩大视频曝光率，标签越多、越精准，被陌生人搜索到的可能性就越大。

一个标签代表一个投放领域，只要标签足够精准，系统就能将视频引流到目标群体中。

由上可知标签的重要性，当发现花费大量的时间、精力去拍摄、剪辑的视频，播放量很低，没多少人看时，就要考虑是不是遗漏了最关键的一步：给文案添加标签。

6.3 **给视频添加标签的3个原则**

6.3.1　层次性原则

通常需要给视频添加3～5个标签，但各个标签之间谁在前，谁在后，具体应该如何排列，还应遵循一定的原则，这就是下面要讲到的层次性原则。所谓层次性原则，就是将不同标签按照合理的层次展开，即通过分析标签的性质和地位，进而把握标签排列规律的原则。

标签的排列有哪些层次呢？通常有3个，如图6-5所示。

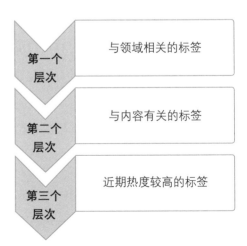

图6-5　标签排列的3个层次

（1）第一个层次：与领域相关的标签

与领域相关的标签在整个标签体系中占的比重最大，必须排在首位。比如，运营领域是自媒体，那么"自媒体"就是与领域相关的标签，应当排在首位。这样，系统根据标签进行推荐的精准度就较高，相应的点击量也会更高。

（2）第二个层次：与内容有关的标签

第二个层次标签是与内容有关的，一般居于第一个层次之后，如果有3个以上的标签时，通常是第二个、第三个。这一层次的标签有助于粉丝更好地识别、记住视频内容。

此类标签的设置是根据视频内容进行提取的。例如，视频内容是讲解美食制作的，那么就可以设置"××制作讲解"。

（3）第三个层次：近期热度较高的标签

这一层次的标签往往是最后一个或最后两个，主要作用是将视频与当前的热点挂钩，以便系统在识别、推荐视频内容时，推送到热点视频区。一旦被推荐到热点视频区，关注度、点击量都会成倍、成几十倍地翻。

当然，这一层的标签不是必须添加的，如果视频内容与当前热点事件和现象实在挂不了钩，也不能勉强。

6.3.2 可搜索性原则

给视频添加标签，很重要的一个目的就是引流。而要实现很好地引流，所提取的标签必须有可搜索性，换句话说就是是否便于粉丝搜索，是否符合粉丝的搜索习惯。

案例 3

2021年春节晚会上，观众席上有一道特殊的风景线给人留下了深刻的印象，那就是每人都戴着一个红色的印有中国结图案的口罩。由于口罩的颜色是大红色，还印有最具有新春气息的中国结图案，很快成为网红口罩，登上各大论坛热搜。

后来，在元宵晚会现场，抖音策划了"元宵中国结口罩"话题活动。这个话题迅速成为抖音上最火的话题之一，搜索量高达三百余万次，登上话题榜榜首。五菱汽车在官方抖音号上发的一条视频中就用了这个标签："元宵中国结口罩"，如图6-6所示。单击该标签就可进入同一标签下的视频区，如图6-7所示。

图6-6　五菱汽车"元宵中国 结口罩"标签　　　图6-7　　"元宵中国结口罩"标签 下的视频区

　　如果你有独创的能力，并保证有一定搜索量的话，最好是独创标签，就像例子中的"中国结口罩"。但如果没有能力创新，千万不可盲目去做，尤其是普通博主，提取的标签如果搜索度太低，往往无法创造流量。

　　最好的方法就是添加便于搜索的标签，这样该标签就会将你的视频引流到具有同一标签视频的流量池中。这无形中就对视频进行了二次传播，而且由于受众更为集中、更为垂直，引流效果往往更好。

　　从这个角度看，每个标签都代表一个流量池，这个流量池的好与坏，就取决于所提取标签的可搜索性。搜索性越高，被引流入的流量池越大，反之越小。

6.3.3　流量性原则

在给视频添加标签时，有一种标签是不可缺少的，那就是搜索度高、流量大的标签。添加这类标签是使视频上热门的技巧之一。按照平台推荐规则，只要视频文案中含有某个大流量标签，该视频就可能随着当前流量最大的视频被一同推荐出去。

我们来看一个案例。

案例 4

2021年3月初，"山东拉面哥"的账号在抖音上突然走红。两天内短短4个视频就吸粉将近200万人，同时大批自媒体也争相直播、报道。一时间，关于这位拉面哥的视频铺天盖地，令人目不暇接。

原来，这位拉面哥是山东费县大集上一位卖拉面的摊主。据当事人自述，"我的面3元钱一碗坚持15年不涨价，为的是周边老百姓都能吃得起"。这也成了他迅速走红的主要原因，面的味道不一定是最好的，但这份淳朴、真诚感动了千千万万网友。

一时之间"拉面哥"成为抖音上的热点标签，这时，就有很多餐饮店、面馆以及自媒体号在发视频时都会打上"拉面哥"这个关键字，想蹭"拉面哥"的热度。事实上也是如此，只要有"拉面哥"这一标签的视频就会被平台一并推荐出去。即使一些流量并不大的账号也会及时获得关注。如图6-8所示的图文号"我们一起看新闻"，其发布的一条图文视频，一天就涨粉2000人。

图6-8　"我们一起看新闻"发布的视频

综上所述，在给视频添加标签时，一定要坚持流量性原则。它可以让文案借助热点视频大大增加曝光度。

那么，在借流量性大的标签时，又应该如何鉴别呢？其中一个关键就是看其是否有价值，包括相关性、影响力、趣味性等，具有的特征越多，价值越大，借鉴后造成的"晕轮效应"也越大。

（1）相关性

相关性指事件与受众群体的相关度。一般是指心理上、利益上和地理上的联系有多少，联系越多，越容易被受众群体关注。例如，大多数人对自己的出生地、居住地，或曾经给自己留下过美好记忆的地方总是怀有一种特殊的依恋情感。所以在选择事件营销时如果结合受众群体的地域性，就更容易引起这部分人的注意。

（2）影响力

影响力指事件的重要程度。一个事件无论大小，必须先有一定的影响力、有意义，才能称得上是社会热点事件。判断事件重要与否的一个标准就是看其在社会上的影响力大小。一般来说，社会影响力越大，受众群体越多，价值越大。

（3）趣味性

大多数人对新奇、反常、趣味性较强的东西比较感兴趣。有人认为，人类天生就有好奇心或者乐于探索未知世界的本能。因此，在选择事件时应该坚持一个很重要的原则，即这个事件一定要有趣味性，是受众喜闻乐见的，愿意付出时间和精力去了解的事件。

任何事件只要具有以上其中一个特征就可以确定为热点事件。如果能够同时具备则更好，说明这件事肯定具有相当大的传播价值，自然也会成为大部分人竞相追逐的对象。

6.4 给视频添加标签的4个位置

标签的作用很重要，但这些标签又应该添加在哪呢？通常有4个位置，如图6-9所示。

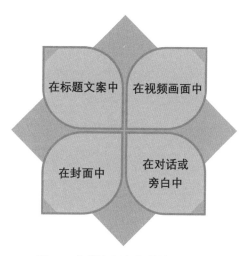

（1）在标题文案中

在标题文案中添加标签是最常见的，大多数视频在添加标签时，都会优先选择在标题文案中添加，图6-10所示就是两个这样的示例。这是因为标题是最易于识别的，粉丝观看视频时往往会先看标题文案。

图6-9　短视频添加标签的4个位置

图6-10　在标题文案中添加标签的两个示例

（2）在视频画面中

添加标签的位置，除了在标题文案中之外，还有一个重要位置——视频画面中。常常以文字的形式出现，随着视频的播放同步出现、同步消失。例如，"贵州茅台"抖音官方账号，它的标签"制曲车间"既在标题文案中有所体现，又在视频画面中有所体现，如图6-11所示。尽管该标签仅仅在开头出现了几秒钟，但作用十分重要。

（3）在封面中

短视频封面是留给观众的"第一眼印象"，同时也承载着视频的核心、关键内容。封面图的好坏直接影响视频的推荐量和播放量，影响着粉丝是否打开短视频进行观看，所以短视频的封面尤为重要。

而在封面中添加标签可以让视频的内容更突出、更显眼。以某旅游攻略抖音账号为例，如图6-12所示，每一个视频的封面就像一幅幅精美的画卷，一些标签关键词也尽现其中。

对商家来说，可以将商品的卖点更加清晰地在封面上进行展示，在增加内容性的同时，方便买家快速了解宝贝信息。而对于消费者来讲，可以通过进入主页的方式，快速筛选自己感兴趣的视频，以节约时间，提高选择性与参与感。

（4）在对话或旁白中

短视频在信息的展示和传播上，本身就是以音频为主，文字只起一个导读和辅助的作用。因此，也可以将标签植入到人物对话或旁白中，这是不可忽视的。由于对视频有极强的代入感，标签很容易给粉丝留下深刻印象。

图6-11　"贵州茅台"抖音
官方账号

图6-12　某旅游攻略抖音账号

在对话旁白中添加标签的不足之处是，它不会第一时间出现在粉丝眼前，必须先打开并看完视频。

6.5 给视频添加标签的4个技巧

标签很重要，然而，仍有一部分人不知道如何给视频添加标签，这里就来说一下给视频添加标签的技巧，具体有4个，如图6-13所示。

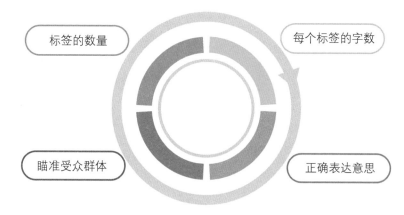

图6-13 给视频添加标签的技巧

（1）标签的数量

为了尽可能地覆盖视频内容，视频的标签很少单个出现，通常需要同时贴多个标签，一般3～5个最佳。太少不利于平台的推送和分发；太多则会淹没重点，错过核心粉丝群体。

下面来看一个案例。

案例5

曾有一个智能产品测评类的短视频，它的标签只有一个——"测评"。视频质量暂且不论，但是看到这种标题标签就会让人感觉其关注度肯定很低。其实关于智能产品的标签有很多，比如，"智能音箱""人工智能""AI""上手体验""高端科技"等，如果在京东上发布，还可以将京东作为关键词，从产品的属性、分类、来源到视频的主题，可以说，标签都涵盖在内了，大大拓展了被搜索的范围。

（2）每个标签的字数

严格意义上讲，平台对标签的字数是没有硬性要求的，只要添加标签符号"#"，其后的字、词、句都可以自动生成标签。但从搜索的角度看，必须对字数做出控制，字数越多越不利于搜索，一般控制在2~6个字之间。

（3）正确表达意思

标签是对视频内容的高度概括和总结，因此，在拟写标签时必须准确把握视频内容。首先要准确，不能与视频内容出现偏差，如果丧失了准确性这一衡量标准，再多的标签也没用。

案例6

比如，萌宠类的视频，却贴上高科技的标签；美食类的视频，却贴上运动类的标签。当标签和视频内容出入太大时，再好的内容也得不到推荐。比如发布美食类视频，标签中的内容就一定要属于"美食"这一范畴，如"蛋糕""川菜""麻辣烫""火锅"等。

很多文案创作者在添加标签时，错误地认为标签可以随便贴，或者含糊一点。因此常将一些不相干的内容打入标签内，以吸引特定人群。萌宠视频加高科技标签，美食视频加运动标签，这种乱贴、瞎贴的方式起不到应有的作用。

因此，标签一定要根据短视频内容来拟写，切合视频主题。无关紧要、没有丝毫联系的标签是不可取的。美食类视频标签要切中"美食"这一范畴，可以选择"美味食谱""蛋糕""食疗""烘培""川菜"等关键词。

（4）瞄准受众群体

贴标签目的是吸引精准的粉丝，所以标签用词的精准性就显得十分重要。有些人认为，在给短视频贴标签时覆盖范围最好广一点，于是就选用一些很宽泛的词，殊不知这样反而很难吸粉。

添加标签就是为了找到短视频的核心受众群体，从而获取更高的点击量。那么，标签内容就必须体现出目标人群需求，最大限度地将视频直接投放到核心受众群体当中。

案例 7

例如，运动、健身类视频就可以在标签中加上"球迷""健身达人"等关键词；有关动漫等二次元的内容，可以加入一些类似"宅男""萝莉"等关键词；涉及互联网、IT行业的短视频，可以打上"码农"等标签。

每个用户都有着自己的阅读习惯和独特的用户画像，因此，灵活运用常见人群类的标签，能够帮助算法快速有效地识别视频受众。很多人误认为，给短视频贴标签，其实就是对短视频进行分类。其实标签不只是简单地分类，还意味着可以向不同受众群体进行推荐分发，所以，标签一定要符合该关键词画像的用户群体。

范围越小，越容易吸引特定人群。例如"搞笑"这个标签，虽然很好，也是最常用的，但由于范围过于广泛引流效果并没那么好。在实际运用时，我们可根据视频内容对其进行限定。比如，你的视频是以漫画形式出现的，可以用"漫画搞笑"，如果视频属于职场类，是与上班族有关的，则可以用"办公室搞笑"，这样范围就更具体，针对的群体也更精准。

第 **7** 章

语言简洁化：像段子手那样打造文案语言

段子式文案以简短的篇幅，清新脱俗的文风，成为短视频优秀文案的典型，备受青睐。短视频是最容易诞生段子式文案的地方，因为短视频通常以1分钟以内的小视频居多，文案的篇幅受字数限制，必须寻求以最简短的语言来表达最深厚的含义。

7.1　段子式文案最适合短视频

短视频受限于播放时长、字数要求等，不允许出现太长的文案。以最凝练的话语，表达最准确的意思，这是短视频文案与其他形式文案的最大区别。

一个段子带火一个视频的例子有很多，只要段子文案能戳中粉丝心中的某个点，获得高点赞量，视频上热门也很容易。那么，如何才能将短视频文案写得不啰嗦，一句话直击核心，又内涵丰富呢？这就应该向段子手学习，写段子式的文案。随着网络的发展，我们每个人对段子都很熟悉，优秀的段子在网络上层出不穷。

例如：希望是火，失望是烟，生活是点着火冒着烟。

梦想还是要有的，虽然没用，但也不占地方啊。

黑眼圈，是昨日心思的落款。

到底怎样的终点，才配得上你这一路颠沛流离。

段子都有一个共同的特点，那就是通常只有一两句话，短小精悍，朗朗上口。一字一句扎实刻进心里，给大众留下足够的想象空间，引发共鸣。

段子与短视频文案的特点不谋而合，那就是必须简短，能用一句话解决的，绝不用一句半。不同的是，文案必须同时把品牌理念与品牌或产品特点完美结合起来。图7-1、图7-2所示的文案就是段子式文案。

图7-1　illuma启赋3短视频段子式文案

图7-2　大猫妈妈短视频段子式文案

"妈妈或许不完美，但母爱是最完美的。"

"化妆品那么贵，年会必须站C位。"

7.2 如何做一个优秀的段子手

说到写段子，很多人常常与天赋、灵感、创新、别致等词联系起来。这是极其错误的，段子的本质是内容创作，大多数时候，写段子还是要靠坚持、积累、厚积薄发。具体可从图7-3所示的3个写法入手。

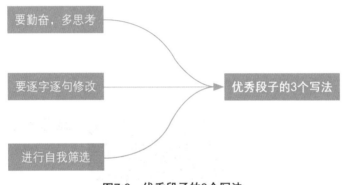

图7-3　优秀段子的3个写法

（1）要勤奋，多思考

每个优秀的段子都不是靠天赋，更不是靠运气，必须经过长时间积累，笔耕不辍。有些人写段子开始也很普通，但经过几年的勤奋锻炼，每天坚持写，就会写出优秀的段子。段子表达的意思十分凝练，这对段子手的写作功底提出了更高要求。一个好的段子绝对不是灵感乍现，一下就能写出的，关键在于平时多观察、勤思考。

（2）要逐字逐句修改

段子虽然字数不多，但大都不是一气呵成的，而是字斟句酌，逐字修改出来的。好的段子应该文字精练，多一个字少一个字都不行，完成初稿后会花大量时间润色修改，不断优化，哪怕一个字，也不能轻易放过。

（3）进行自我筛选

有的人写段子式文案，总爱局限于一条或两条，修改也只是在原有的基础上不断修改。其实，好段子还是一个自我筛选、自我否定的过程。同一个段子，可以试着以不同的表达方式、修辞手法来写，草拟8条或10条，组成合集，这些里面可能只有一两条比较好。这时，就要不断地做减法，可以找其他人先看看、提提意见，看哪一条效果最好。

7.3 段子式文案的结构

段子虽然字数少，大多两句或三句，但句与句之间的逻辑关系却是清晰的，有递进，有反转，目的就是制造意外和惊喜，让剧情跌宕起伏，加深读者对段子的印象。

段子式文案常见的逻辑结构有图7-4所示的3个。

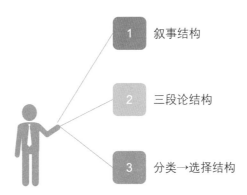

图7-4　段子式文案常见的逻辑结构

（1）叙事结构

叙事结构即以叙事的方式来创作，重点要做好"三定"工作——定内容、定地点、定人物。

1）定内容

定内容是指在特定领域专注于创造具有创意的内容，这样的好处在于创造的内容是固定且垂直的，定位会非常的精准。由于面对的受众往往都是非常热衷特

定领域的人群，将来可以围绕知识付费进行变现。

2）定地点

定地点目的在于加强粉丝对地点的印象。如果视频素材采集的地方是固定的，地点辨识度比较高，那么将来可以为附近商家产品引流。当然作为商家则更为方便，可以直接通过有创意的视频为自己引流。

3）定人物

定人物目的在于加强粉丝对你个人的印象。如果视频是围绕你个人来创作的，不论以何种方式，都要以你个人出镜为主，那么将来变现的手段就可以靠粉丝打造个人IP实现，费启鸣就是一个很好的典型。事实上在抖音中这"三定"中至少需要以其中一种作为前提。

最简单的定人物方法就是配上自己的照片，最好还能配上背景，真人出镜。比如做抖音营销，视频的内容定位和安排策划是核心，就是通过打造一个人设来让内容与粉丝需要更匹配。

（2）三段论结构

三段论在文章写作中是一个很著名的理论，即利用大脑的思维惯性来制造意外。结构通常分为三个部分，即两个前提和一个结论，由两个前提导出一个结论。段子也可以运用这种结构，当然，段子中的三段论不必严格遵照这种因果关系，大致可以理解为"好→好→坏、正→正→负、同类→同类→异类"等。

例如，"我有三大爱好：吟诗、作画、喝娃哈哈"。该例子的逻辑关系就是"同类→同类→异类"。

（3）分类→选择结构

先把一个事物分类，一般分为两类或三类，不必很长，然后再做出选择。

"两类选一"是先把类别限定为看似正反两类（其实并不是），然后定义其中一类，让粉丝在做出选择的同时，对所有选项产生认同。

例如："你打算怎么对待语文、数学这两门学科？"

"为了尽快提高成绩，我想多放一些精力在语文上，也多放一些精力在数学上。"

"三类选一"是把类别限定为正反三类，定义其中的两类为正面（其实并不是），让粉丝在做出选择的同时，对所有选项产生认同。

例如：什么是好的文章，好的文章开头要好，结尾要好，中间的部分吧，也
要好。

分类→选择这种写作技巧有趣之处在于，在最后一个选项巧妙设置了反转，
让粉丝对所有选项产生认同。

7.4 段子的写作技巧

人人都爱看段子，因为段子不仅富有哲理，让人懂得一些道理，还能哈哈一
笑，放松心情。那么，对于创作者而言如何达到这个效果呢？具体可以采用图
7-5所示的5个技巧。

图7-5 段子的写作技巧

（1）切换人物

切换人物是指拿一种普遍性行为，套在具有特殊身份的人身上，使人物身份
发生转变，结果产生反转，达到给粉丝制造意外和惊喜的目的。

例如：都说男人一辈子，只爱一个女人才是好男人，我却爱上了两个，一个
是妻子，一个女儿。

（2）切换场景

切换场景是指将通常出现在某种场景下的事物，套用在另一个场景中。例如，"现在身体很不好，做10个俯卧撑都感觉呼吸困难，下次再也不在游泳池底做俯卧撑了"。

（3）切换逻辑线

切换逻辑线是故意打乱前后句正常的逻辑关系，给人一种前言不搭后语的感觉。例如，"时间就像海绵里的水，只要用力挤总会把海绵挤烂的""每天少吃一顿饭，时间一长就省下很大一笔钱，这笔钱留着日后看胃病用"。

（4）制造不协调

制造不协调与切换逻辑线有相似之处，即正话反说、前后矛盾。例如，"学了这个手艺以后就再也不用说求人的话了——哑语老师说。""别一天到晚想着减肥，你的嘴同意你这么想了吗？""好想卖掉房子去周游世界，可房东死活不同意！"

（5）制造反转

反转，是段子中最常用的一种写作技巧，是指一种情境、人物身份或命运向相反方向转变的结构，以形成意外，制造悬念，增加情节的戏剧化程度。例如，"人生没有退路，但买优信二手车有"。

第 **8** 章

文案视觉化：掌握排版要点，让文案更"养眼"

短视频以音频为主，图文为辅，对版面的要求并不高。但综观一些好的视频，尤其是图文号，之所以能给大众留下深刻的印象，最主要的原因还是其做好了排版，充分刺激了大众的视觉系统。

8.1　短视频文案常见的排版原则

　　排版的目的是让读者获得好的阅读体验，将注意力专注于视频内容。短视频版面设计主要体现在文案上，文案作为短视频主要的一部分，文字的字体、字号、颜色等，都会影响粉丝观看视频的体验。

　　尤其是媒体号、图文号等，如图8-1所示，由于文字较多，画面有限，如何在有限的画面中全面展示文字内容是一门技巧。

图8-1　短视频文案排版技巧示例

　　文案的排版原则是既有利于粉丝识别，能看清楚内容，又不影响视频画面的完整性和播放效果，这就需要掌握一些排版技巧。

8.2　短视频文案的排版技巧

8.2.1　将文字和视频区分开

　　好的图文排版设计能给观众留下深刻的印象。对于视频而言，文案必不可少但又不能太多，否则就会影响到视频的播放效果，干扰粉丝的视线。为了不影响视频的播放效果，最好的办法是将文字和视频画面分开，如图8-2所示。文字是为了描述、解释，或补充说明视频画面的。所以，文字要尽量简洁，一般最多不超过3行，每行不超过15个字，如图8-3所示。

但有两种情况两者不宜分开，一种情况是文字字数较少，另一种情况是视频画面只当做背景，目的是强调和突出文字部分，如图8-4所示。这种情况，文字和视频画面两者之间通常没有太紧密的关系，或者干脆没关系，播放时大多粉丝会将注意力集中在文字上，而非视频画面上。

图8-2　文字和视频画面分
　　　　开排版方式

图8-3　文字行数排版方式

图8-4　文字和画面不宜分开
　　　　的情况

8.2.2　画面与文字混搭排版技巧

有时由于内容、构成要素的不同，画面与文字需要混搭，这时就需要采取多样的排版布局。那么，应该如何处理好文字、图片、文字与图片的关系，实现专业、美观的排版，让动画视频具有很好的视觉表现力呢？

以下是画面与文字混搭排版设计的8个小技巧，具体如图8-5所示。

（1）适当留白

当画面需要与文字混搭排版时，留白是极为重要的。空间留白可以增强文字内容的易读性，使主体部分凸显出来，信息易于被观众接受。

（2）使用底纹文字

适当使用底纹，颜色要淡，与背景有较好的融合，并且与文案错开，丰富画面。

（3）图片与色块组合排版

采用多图拼接的方法，添加色块做底色，可以增强对比，产生视觉张力，易于抓住用户注意力。

画面与文字混搭排版的技巧
适当留白
使用底纹文字
图片与色块组合排版
添加合理点缀元素
多图排版
图文合一
巧妙使用横线
按照某一路径排版

图8-5　混搭排版设计的8个小技巧

（4）添加合理点缀元素

版面太空的时候，可以使用漂浮物或者相关元素来填补画面空白感，但注意不要喧宾夺主。

（5）多图排版

同时罗列几项内容时，可大小统一对齐排版，这种排版比较整洁、舒适。

（6）图文合一

图文合一也称图文叠加法，是设计中很吸睛的一种排版方法。这种图片排版设计让文字和图片之间产生互动，互为装饰。交错式版面让动画视频画面感丰富、美观。

（7）巧妙使用横线

线有较强的空间约束能力，线条细使空间显得轻快有弹性，线条粗则可强调内容，突出重点。在动画视频中，添加线条装饰可以引导视线，快速向观众传递信息。

（8）按照某一路径排版

若一个版面中需要添加较多的图片来进行辅助表达，可以按照某个路径进行图片排版，统一图片的方向，然后添加相应的文字表达，这种排版创意生动灵活。

8.2.3 善于分行排版

在视频中添加文案，最大的错误就是将文字成段成段地直接堆积于画面中，这样十分不利阅读。正确的做法是分行排列，而且每行的文字要用不同的字体、字号、颜色、背景色区别开来，如图8-6所示，这样的效果能给人一种耳目一新的感觉，大大增强阅读的趣味性。

图8-6　分行排版技巧

这种分行排版在字体选择、颜色搭配、对齐方式上十分讲究，运用不当会造成画面凌乱，同样不利于阅读。

经过总结，以下5个事项要特别注意：

① 选择比较规整的字体，比如，黑体、粗宋、仿宋体等；

② 字体颜色与视频主色、背景色反差不能太小（一般为红对白、黑对白，黑对黄）；

③ 字号一般遵循上大下小，或者上大、中小、下稍大的原则；

④ 每行后用空格键隔开即可，不加标点符号；

⑤ 每行全部居中排列。

8.2.4　添加贴纸，美化画面

经常看短视频的人都知道，很多短视频画面中会添加一些妙趣横生的贴纸。在视频画面中添加贴纸不是必需的，但在一些特定的时刻则有重要作用。例如，在美妆、婴幼儿类等一些题材的视频文案中，常常会添加相应的贴纸。一方面是主题需要，另一方面是为营造一种可爱、轻松、幽默的观看体验。图8-7所示是某美妆测评号中的视频，画面因添加很多妙趣横生的文字贴纸而变得丰富多彩。

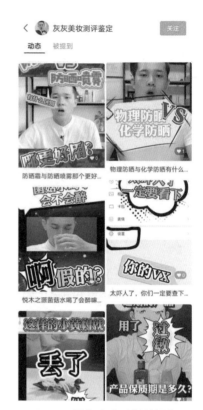

图8-7　添加文字贴纸的视频

例如，在拍摄视频过程中可能会拍到一些无关的人或景，如果怕影响到整体视频效果，或怕侵犯别人隐私的话，可以添加贴纸，这会比打马赛克效果要好。

另外，有些贴纸还可以起到提示、指示作用，如圆形、手指、箭头等，能将画面中需要凸显的信息加以明确，便于粉丝在观看时重点关注。

综上所述，贴纸有很多作用，适用于多种场景，具体作用如表8-1所示。

表8-1　贴纸的作用和应用场景

贴纸的作用	应用场景
美化画面	适用于视频画面过于呆板时，可营造轻松、活泼的气氛，增加观看情趣
丰富内容	适用于视频内容过于单调时，可使内容更充实，便于粉丝获取更多信息
遮挡信息	适用于需要遮挡与视频无关的人或景时，可避免侵权
提示信息	适用于需要凸显视频中某些关键、核心信息时，可以起到提示、指示作用

8.3　短视频文案排版常用的工具

在对视频版式进行设计时，一般来讲，使用平台自身的功能就足够了。大多数平台带有最基本的文本编辑功能。如果需要特殊的样式，就需要借助第三方工具了。工欲善其事，必先利其器，好的工具能达到事半功倍的效果。

接下来就为大家推荐10款简单易学的视频剪辑软件。

（1）视频剪辑软件：快剪辑

快剪辑是一款被抖友运用最多的视频剪辑App。制作视频简单便捷，功能更丰富，不仅有精美滤镜、视频多段拼接、变速（一键适配朋友圈10s、抖音15s）和同框等快速小工具，还拥有Vlog模板，模板包括电影大片、音乐相册、时下热门、主题等。

另外，快剪辑支持自定义分辨率和码率，并且完全免费，而且里面还有非常多的教程，非常适合新手。

（2）视频剪辑软件：猫饼

猫饼作为一款视频剪辑软件，其特色之处是它的字幕功能，它提供多种模板，分为经典、趣味、智能、标题4个分区。你可以选择时间、地点、天气或其他自定义模板，还可以输入文字，选择字体颜色及字体类型生成专属标题。

（3）视频剪辑软件：大片

大片App是一款集结多种高级模板的剪辑App，特效及转场十分炫酷，用户可根据视频内容对模板进行挑选，使用大片里的模板，视频一秒就能"高大上"。这款软件内置很多"高大上"模板可供选择，尤其是适合视频的开头，用在开头十分吸睛。很多视频拍摄者利用这款软件制作有趣的开头。

（4）视频剪辑软件：一闪

一闪的黑场文字功能和滤镜常被用在抖音视频中，适合视频画面的突然过渡和切换，需要在视频与视频之间插入黑色背景图的情境。

这款视频剪辑软件主打胶片滤镜，滤镜区包含模拟柯达、富士、爱克发、依尔福等20多款经典胶片滤镜，强度可自行调整，滤镜质量较高，滤镜种类也丰

富，可盐可甜，小清新、重口味皆覆盖。

（5）视频剪辑软件：iMovie App

iMovie App是一款适用于画面过渡、切换、转场的视频剪辑软件，与一闪不同的是，其过渡十分流畅。同时，它内置了多种过渡效果，如"主题""融合""滑入""抹涂""淡化"等。

（6）视频剪辑软件：黄油相机

黄油相机软件的贴图功能强大，滤镜包含拍立得、电影感边框等。导入视频后，可添加趣味图案，使用复古贴纸，为视频制造出趣味效果。

（7）视频剪辑软件：OLDV

OLDV是一款具有复古风格的剪辑类软件，内置迪斯科音乐，拍摄过程可手动添加激光效果，对画面进行缩放，使用这款App，一秒就能让拍摄的影片妙趣横生。

（8）视频剪辑软件：8mm相机

8mm相机支持用户实时录制8mm复古影片，内置多种复古滤镜。导入相应视频后可手动添加灰尘、划痕、复古色调、光影闪动、漏光及画面抖动效果。如果你喜欢老电影的怀旧效果，那么这款App是最佳选择。

（9）视频剪辑软件：Videoleap

Videoleap是一款有趣、强大的视频剪辑软件，功能比较丰富。导入视频即可合并剪辑、添加文本、蒙版、调整色调和过场动画艺术效果，独有绿屏功能，还可以加关键帧。

（10）视频剪辑软件：巧影

巧影这款软件视频编辑功能齐全，拥有多重视频叠加、特色背景抠像、创造性混合视频。支持多层混音、曲线调音、一键变声等。关键帧功能可轻松实现动画效果。视频支持最高16倍多倍变速。

第 **9** 章

与商业接轨：短视频文案不是玩文字游戏，而是要变现

文案属于文字创作范畴，但根本目的是帮助品牌或产品实现盈利，因此，文案必须有变现能力，实现从吸睛到吸金的转变。对于写文案的人来讲，不仅要有文字的驾驭能力，还要有商业的敏感度。

9.1 文案与商业接轨的两个方向

文案是商业传播的基础，是为品牌和产品服务的。从这个角度讲，文案不只是创作，还必须与商业接轨，具有商业特征、变现能力。

那么，文案与商业应该如何结合呢？有两个基本方向，即与品牌、产品结合，撰写品牌文案和产品文案。其实，这也是文案的两个基本类型，接下来就对其进行具体阐述。

（1）品牌文案

品牌文案是指通过展示品牌的形象及特点、文化理念、价值观等，让潜在用户进一步了解企业或品牌，提高美誉度，扩大知名度。

展示品牌形象及特点，即告诉对方我是谁，我是做什么的。例如，怕上火，喝王老吉（王老吉）；有问题，上知乎（知乎）。

展示品牌精神，即告诉用户企业的价值观。例如，无兄弟，不篮球；Nothing is impossible。

宣传品牌文化理念，即用文化引发用户的共情及传播，替用户说出自己心里想说的话。

品牌文案属于一种长期的、战略性文案，更偏向于一种心智的植入，它不是引导粉丝进行消费，而是占领人的心智。图9-1所示就是这样一个案例。

（2）产品文案

与品牌文案不同，产品文案又叫销售文案，核心是产品，一切围绕"产品"来写。目的是将产品卖点、价值有效地传达给目标受众，提高受众对产品认知，提高产品销售量。

因此，产品文案是围绕产品集中体现的，以阐明产品优势，解释购买理由，引导粉丝购买。图9-2所示就是这样一个案例。

图9-1 短视频中的品牌文案

图9-2 短视频中的产品文案

9.2　品牌文案与产品文案的区别

品牌文案与产品文案是有区别的，主要表现在3个方面。

（1）目标不同

产品文案主要目标是让用户行动，马上购买产品。品牌文案则通常不是诉诸产品价值，而是诉诸生活方式和情感态度，主打的是认知和情感，让目标受众建立认知，在情感上接受其所传递的信息。

（2）运用的企业发展阶段不同

两种文案运用在企业不同的发展阶段。产品文案多用在企业初创期，因为在这个阶段最主要的任务是让大众知道你是做什么的，即在大众心目中建立起对企业最基本的认知。因此，只需用简洁明了的文字描述产品即可。

当公司发展到一定阶段后，目标受众已经对企业有所了解，这个时候需要做的是赢得他们的信任，包括企业文化、企业价值观和服务等，这部分则要通过品牌文案去传递。

（3）运用的企业规模不同

产品文案比较适合中小企业。中小企业品牌知名度不高，产品不出名，广告预算有限，广告文案必须要能说服消费者行动购买，而这种广告文案非销售型广告文案莫属。产品文案更像是超级推销员，它的任务是促使人们产生购买行动，而非让人称赞这个广告做得真好。

品牌文案更适合大企业、知名企业。这是因为知名企业的产品已被大众消费者所熟知了解，无需再通过广告来宣传告知消费者产品的功能价值；知名品牌有专业的销售团队和销售渠道，他们不需要通过广告把产品销售出去，只需要让消费者知道品牌名称即可。

9.3　产品文案创作技巧

产品文案，要求必须关注目标消费者，洞察他们的需求，准确把握诉求点，同时必须研究产品，把产品的价值、好处完完全全展示给消费者看，让他们相信，使用这个产品，就能得到满足，从逻辑上和情感上说服目标消费者购买。

广告文案看起来很简单，感觉人人都可以创作的样子，但是其背后的原理和数据需要花很多心血去研究。

（1）体现产品核心功能

在文案中直接介绍产品的核心功能可以直接吸引目标消费者，尤其是该功能比较有特色，与竞品相比有较大优势时，不妨在文案中直接展现出来。

案例1

戴森净化器除污、除甲醛效果特别好，但是怎么让消费者感受到呢？其产品文案就采用了一组数据，如图9-3所示。

文案如下：

"循环气流净化整屋空间，去除99.95%小至50纳米的颗粒物，并持续不断清除甲醛。"99.95%、50纳米这些具体的数字，非常形象地让消费者看见这种效果。

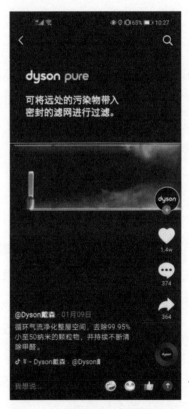

图9-3　体现产品核心功能的文案

（2）体现产品材质或成分

产品材质或成分直接决定着产品质量，而产品质量往往又是粉丝最为关注的。因此，在文案中直接体现产品材质、成分、成分优势，就能给粉丝以质量过硬的印象。

案例 2

高露洁推出一款含"盐"的牙膏，而"盐"也是该款产品的特色所在。鉴于此，其在短视频文案中重点表现这点，将"盐"与"颜"通假，塑造成颜值、实力兼具的一款产品，如图9-4所示。

文案如下：

"牙膏界'盐'值担当诞生！……给牙齿来一场天然水晶盐的美白泡泡浴，一刷还原美白笑颜！"

图9-4　体现产品材质或成分的
文案

（3）体现产品最明显特点

文案中要展现产品最明显特点。一个产品最明显的特点往往是最大优势，最有力的卖点，往往可以一针见血地切中用户痛点需求。

案例3

vivo S7e最大的特点就是轻薄，我们来看看其是如何体现的。图9-5所示是vivo官方抖音账号上的一则视频，文案是这样的："一见'轻'心，'薄'动心弦！全新vivo S7e，听得见的轻薄。"

该文案十分简单，但字字珠玑，巧妙地借用谐音成语，从视觉、听觉两个方面呈现，真正做到了拨动心弦。

图9-5　体现产品最明显特点的文案

9.4　品牌文案创作技巧

品牌文案与产品文案不同，其在意的是词语的运用和句子的优美，在乎的是意境深度，在描述生活，在倾诉感情，可以说完全是在进行文学创作。如果说产品文案看重结果，品牌文案则更在乎过程，它需要的是掌声。

因此，在创作时要注意以下两个方面。

（1）品牌人格化

所谓品牌人格化，就是把品牌进行拟人化、拟物化、情感化的沟通，包括品牌拥有的价值观、格调及情怀等一切能彰显品牌差异化的元素总和，如logo、广告、代言人等。从冰冷的企业VS人的B2C的关系，转变为有人情味的人VS人的C2C关系。

菲利普·科特勒曾说过：一个成功的人格形象已经是最好的公关了。

案例 4

> 2014年，"西少爷"以一篇《我为什么要辞职去卖肉夹馍》出道，炒红了"程序员——肉夹馍"这一品类。我们常常看到很多品牌自我标榜"创意产品""创新服务"，这种自嗨似的传播并没有起到预期效果，因为"创意""创新"的表达方式太抽象，不如一个具体的物件让人感到更真实。这也是"西少爷"的名声传播较广的原因之一。因为他将品牌人格化了，让大家感受到了活生生的人，用饱含个人体验的故事，赋予品牌不同寻常的情感价值，吸引人们去品尝。

有的品牌通过对CEO的个人形象进行宣传，使CEO等同于企业的人格化形象进行品牌人格化。比如，我们已经习惯性地认为，新东方＝俞敏洪，微软＝比尔·盖茨，苹果＝乔布斯，联想＝柳传志，张瑞敏＝海尔，京东＝刘强东。通过包装CEO的奋斗史，传播其励志故事，让粉丝产生认同感及崇拜感。"这么努力的人做出的东西应该也不会差吧。"继而爱屋及乌地转嫁到产品层面的偏好。

（2）品牌人设法

"人设"是近两年一个非常流行的网络语，即人物设定、人物塑造等，可以理解为一个人自我塑造，或他人为其塑造的形象。也可以理解为角色代入，所谓角色代入就是把自己想象成某个角色，融入特定情境中。大多数人都有角色代入心理，比如，当我们在看电视、看书时，都喜欢把自己代入所喜欢的那个角色，幻想自己就是那个人，正在经历对方说的话、经历的事情。

角色代入可以打造强烈的认同感，在品牌文案中一直是很好用的一个技法。

比如，在写手机文案时，可以把目标受众塑造成一个角色，比如，数码达人、××族等。

9.5 文案与商业接轨的注意事项

具体到每一篇文案，写作要求可能会有所不同，但有些注意事项是相通的，在着手创作时需要特别注意从整体上把握。

这些注意事项包括以下6项。

（1）写作目标

文案具有一定的商业性，因此，任何文案都有它的写作目标。写作目标即通过这份文案想要实现什么样的目标。

（2）文案主体的特性

文案主体一般是某项产品或服务，所以在写文案之前必须要明确该项产品或服务是做什么的，如何运作的，与其他产品相比，它的创新、与众不同体现在什么地方。

（3）文案写作策略

想要采用什么样的方法来呈现产品的特性以达到之前想要实现的目标，找出产品的哪一个特性是最重要的。

（4）明确目标受众

弄清楚谁会去注意这份文案。他们的爱好、烦恼和梦想是什么，他们看到这份文案的时候所处的立场是什么。

（5）受众的反应

当受众在阅读文案时，希望他们会做出什么样的反应。如想什么、感觉到什么、会采取什么行动等。

（6）文案中产品和服务的收益

文案中产品和服务想要得到的收益是否符合产品的特性，是否符合观众的需求和欲望，这项产品或服务会怎样帮助用户。

第 **10** 章

文案营销力：以营销为中心，提高文案推广力

撰写文案的目的是提高品牌影响力、产品销售额，这个过程怎么实现呢？这离不开推广，最直接的方法就是植入营销元素，让用户在阅读文案的同时，间接接受产品或品牌的信息。

10.1　提炼独特的卖点

客户为什么爱看你的视频？一定是其具有某些优势、特色。在营销学上有一个著名的概念——USP。USP意思是独特的销售主张。主张就是卖点，也就是说一款产品或一项服务若想打动消费者，想让对方产生购买之心，就必须要有自己的主张，独特的"卖点"。

撰写短视频文案也一样，必须突出独特卖点，突出自身优势，让粉丝在看完之后，认为物有所值。

提炼文案独特卖点非常重要，它直接决定着视频的完播率。我们来看一个例子。

案例 1

"十月呵护"是一个专业讲述母婴孕产知识的抖音账号，上面的视频都是围绕孕产知识拍摄的。内容看似很普通，但由于非常实用，篇篇是干货，受关注度很高。例如，月子餐的问题，孕妈护肤品选择的问题，0~3岁宝宝营养补充问题等。而且其在表现形式上也非常新颖，关键字词用不同颜色，重点突出，让粉丝第一时间就可以捕捉到所需信息，如图10-1所示。

图10-1　"十月呵护"文案的
卖点

卖点是品牌或产品的最大优势。当然这里的优势内涵很广，有有形的，如质量、价格等；也有无形的，如服务、文化等。卖点是个好东西，然而在文案中却没那么容易体现。很多文案人员在写卖点时，完全没有头绪，不知道从哪开始，或者全篇反复强调"我的产品非常适合你""我的品牌怎么好""不使用这个产品会遗憾终生"等。

所有文案肯定都会说自家产品好，而别人真正关心的是产品好在哪，你却又说不出个所以然，导致卖点既不够聚焦，也不够清晰。

那么，如何在文案中聚焦而清晰地体现品牌或产品的卖点呢？关键是解决两个问题。

（1）品牌或产品利益问题

这个问题是针对品牌或产品自身而言的，即强调品牌或产品有哪些优势。比如，卖笔记本电脑的强调轻薄，卖汽车的强调后排空间大，等等。

（2）用户利益问题

这个问题是针对用户度而言的，即用户购买后能获得哪些好处。这就要求必须将品牌或产品优势与用户需求进行结合。

仍以笔记本电脑为例，你强调笔记本特别轻薄，那么，这种轻薄的特点能给用户带来哪些好处呢？比如，省电，便于出行携带等。

一个文案必须同时强调和突出这两个点，才能足够吸引人，"品牌或产品优势＋用户获得实际利益"就是一条不错的卖点写作模板，接下来看个案例。

案例 2

vivo X7的广告文案：1600万柔光自拍，照亮你的美。

品牌或产品优势："1600万柔光自拍"，拍人很亮很清晰；

用户获得实际利益："照亮你的美"，轻松把自己拍得美美的。

结合在一起文案就是：1600万柔光自拍功能，拍人很亮很清晰，轻松把自己拍得美美的。再优化一下就成了"1600万柔光自拍，照亮你的美"。

10.2 了解目标受众需求

目标受众的需求是推广的前提，只有确立了目标受众，并找到他们的需求，才能写出有针对性的文案。同理，撰写文案必须了解目标受众的需求，并以需求为出发点，确定思路、搜集材料、准确行文。

了解目标受众的需求，才能围绕需求去写一篇充满"感性"的，且让用户感动的文案。那么，如何才能抓住需求呢？其实并不难，只要善于观察、善于总结，多参照粉丝反馈，多体察粉丝心理。

打个比方，人人都有占便宜的心理，在购买产品时谁都希望得到物美价廉的东西，因此，这一心理就可以直接体现在文案中，如图10-2所示。

上述视频点赞量达53.9万，原因就在于文案中的一个关键字"平价"戳中了大多数人的心理需求。花最少的钱，买最好的东西，本小

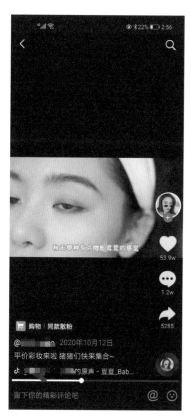

图10-2　迎合粉丝心理的标题文案

利大，享受着如此大的优惠，对于很多人来讲吸引力足够大。

由此可以看出，写文案要善于从用户角度去写，一方面要抓住心理需求，另一方面要给予实际好处，将两者结合才会真正吸引粉丝。

10.3 结合营销与推广任务

任何文案都是有目标的，在撰写时必须结合目标。商业性文案则要结合营销与推广去写，尤其是一些产品文案，淘宝、京东等电商经常会在文案中融入一些营销与推广活动，目的就是直接促销，提高销量。

案例3

图10-3所示是启赋奶粉抖音官方账号上的一张短视频截图，标题文案中植入了营销活动信息：点击"查看详情"参与互动，赢取神秘福利，获得星妈昆凌同款！

图10-3　启赋奶粉抖音官方账号短
视频截图

文案的营销与推广任务有3种：第一种是改变消费者的认知；第二种是为植入广告做铺垫；第三种是直接宣传品牌或产品。前两种基本不需要考虑植入的问题，主要通过文章的中心思想和论据，直接用文字语言展现出来即可。也对应着文案的三种写作目标，最后一种是需要技巧的，只有通过一些植入技巧才能与文章保持默契。

文案的三种写作目标如图10-4所示。

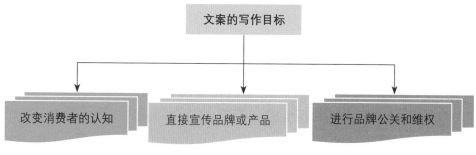

图10-4　文案的三种写作目标

（1）改变消费者的认知

利用文案来改变消费者对品牌、产品的认知，是文案最主要的目标之一。在了解文案推广对产品销售所起到的作用之前，我们先来分析一下消费者在购买时通常的行为习惯。消费者在购买产品时大致会经历这样一个过程，也就是说大部分人在购买时会经历以下5个步骤。

① 获得产品信息；

② 深入了解产品；

③ 对比同类产品；

④ 产品优缺点对比；

⑤ 利大，成交；弊大，放弃。

那么，文案在这个过程中会起到什么作用？现在很少有人在看到广告以后马上下定决心买，而是需要对品牌或产品进行更深入的了解，多方对比后才最终下定决心。所以文案在这个过程中就会起到促使作用，促使那些潜在客户、意向客户下定决心。

文案目的不在于推广一件好的产品，而是让用户对这个产品有一个良好的认知，通俗来讲就是"你说你的产品好是没有用的，只有让用户认为你的产品好才可以"。这就是文案要做的，也是文案推广的价值所在。

（2）直接宣传品牌或产品

这也是我们所说的广告文案，文案在某种程度上就是广告，这也是文案界大多数人的一致认识。因此，文案势必与广告有关，这样就使得文案有了一种最直接的目的，为品牌或产品进行宣传和推广，或为后期广告的植入进行铺垫。

（3）进行品牌公关和维权

这类文案又叫公关文案，是一种与卖货文案完全不同的文案类型。目标不是卖产品、卖服务，而是为了营造一种氛围，改变一种局面，或者维护一项正当权益等，以重塑品牌形象、恢复品牌声誉。这类文案包括品牌历史、活动新闻、政策趋势、市场口碑，甚至是邀请函等。

10.4　巧妙植入广告信息

有些文案看似没有任何广告痕迹，但其实是有的，只不过植入得比较巧妙。大多数时候不会引起粉丝反感。很多优秀的文案会无形之中推动一款产品或者一个行业爆火，引导一种消费潮流，这就是文案广告植入的作用。

植入方式主要有两种：第一种是软性植入，即通过视频情景，间接对要推广的品牌或产品进行描述或者评论，最常见的做法是在视频旁白或对话中植入。还有一种是硬性植入，即在视频中链接商家店铺，粉丝按照提示点击链接即可进入第三方店铺。

需要注意的是，硬性植入需要注意技巧，切忌直接上来就说品牌、产品和广告信息，影响观看效果。

那么该如何植入呢？有两点需要格外注意，一是时机，二是方式。

（1）时机

广告该什么时候植入？大家公认的是在开头处。其实并非如此，通常来讲，一篇完整的视频有开头、高潮和结尾等5大部分，广告植入最恰当的地方就是临近结尾处，或直接点明，或以链接的方式植入。

当然，这只是通常情况下的做法，并不意味着任何时候都必须这样做。受众对植入广告的接受度，是随着植入部位的变化而变化的。由标题到结尾，由低到高呈一条斜线不断上升，标题处最低，结尾处最高，如图10-5所示。

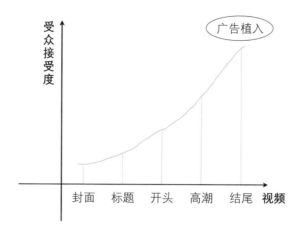

图10-5 受众对短视频中不同部位广告的接受度

（2）方式

植入方式直接决定着文案的宣传效果，过于明显或过于隐蔽都有可能导致效果弱化。如何把握这个植入的"度"，则需要灵活运用植入方式。在植入时，以下4种方式是运用比较多的。

① 标题关键词植入。这类植入方式尽管没有太多地融入产品信息，但是因为关键词带有产品、商标或者公司名称，既能传达一种理念，又有利于平台最大限度地抓取。

② 高潮部分植入。将产品信息与剧情有机结合起来，可以适当展开。

③ 视频画面植入。在视频画面中植入企业logo、产品logo或者水印，产品用图片加文案的方式来表达或者描写。只要与画面足够吻合，就会产生自然而然的引流效果。

④ 结尾信息植入。这种方式最为简单实用，能够合理地将企业品牌、产品以故事的方式表达。只需要找出潜在客户群体，找出他们感兴趣的话题。原创相关话题的文章，内文中不需要刻意琢磨如何植入广告，在文章结尾处加入版权信息即可。如"本文为××原创，如需转载请注明出处"。